D
ЛЕНИНГРАДСКИЙ ВОКЗАЛ
ЯРОСЛАВСКИЙ ВОКЗАЛ
ПЛ. ТРЁХ ВОКЗАЛОВ
КОМСОМОЛЬСКАЯ
КАЗАНСКИЙ ВОКЗАЛ
ДК железнодорожников
Муниципальный краеведческий музей
НИИ скорой помощи им. Н.В.Склифосовского
Мед. центр (токсикологии)
Гост. «Волга»
Гост. «Ленинградская»
САХАРОВА
АКАДЕМИКА
ПРОСПЕКТ
ПРОСПЕКТ МИРА
М. СУХАРЕВСКАЯ ПЛ.
Б. СУХАРЕВСКАЯ ПЛ.
СУХАРЕВСКАЯ
САДОВАЯ-СПАССКАЯ УЛ.
ц. Троицы Живоначальной
Театр «Одеон»
Филиал Театра В.В.Маяковского
ц. Николая Чудотворца
Гост. «Уланская»
КРАСНЫЕ ВОРОТА
ПЛ. КРАСНЫЕ ВОРОТА
ЛЕРМОНТОВСКАЯ ПЛ.
НОВАЯ БАСМАННАЯ УЛ.
ц. апп. Петра и Павла
НОВОРЯЗАНСКАЯ УЛ.
ЕЛОХОВСКАЯ ПЛ.
БАУМАНСКАЯ
СПАРТАКОВСКАЯ
Больн. № 6
САДОВАЯ-ЧЕРНОГРЯЗСКАЯ УЛ.
СТАРАЯ БАСМАННАЯ УЛИЦА
Музей международного фонда культуры
РОЖДЕСТВЕНСКИЙ БУЛЬВАР
ПЛ. СРЕТЕНСКИЕ ВОРОТА
СРЕТЕНСКИЙ БУЛЬВАР
СРЕТЕНСКИЙ БУЛ.
Сретенский монастырь
ц. Успения
ТУРГЕНЕВСКАЯ ПЛ.
ТУРГЕНЕВСКАЯ
ЧИСТЫЕ ПРУДЫ
МЯСНИЦКАЯ УЛ.
Мед. центр глазных болезней им. Гельмгольца
Театр-ст. О.Табакова
Музей А.М.Васнецова
ПЛ. ЗЕМЛЯНОЙ ВАЛ
ЦЕЗАРЯ КУНИКОВА
Гост. МИИГАиК
Театр им. Н.В.Гоголя
ц. Вознесения Господня на Гороховом поле
ц. Архангела Гавриила
ЧИСТОПРУДНЫЙ БУЛЬВАР
Театр «Современник»
Театр «На Покровке»
ПОКРОВКА
Гост. «Урал»
Театр «Экспромт»
Чистый пруд
ПЛ. ПОКРОВСКИЕ ВОРОТА
костёл св. Людовика
Музей «Огни Москвы»
ПЛ. ВОРОВСКОГО
КУЗНЕЦКИЙ МОСТ
ЛУБЯНСКАЯ ПЛ.
КУРСКАЯ
УЛ. ЗЕМЛЯНОЙ ВАЛ
КУРСКИЙ ВОКЗАЛ
ЧКАЛОВСКАЯ
ц. ап. Иакова Зеведеева
Военно-клинич. госпиталь № 57
ц. Введения во храм пресв. Богородицы
ХОХЛОВСКАЯ ПЛ.
ц. Косьмы и Демиана
МАРОСЕЙКА
Политехнический музей
Музей истории г. Москвы
ИЛЬИНКА
КИТАЙ-ГОРОД
Хоральная синагога
ц. св. Князя Владимира
ц. Троицы
ПОКРОВСКИЙ БУЛЬВАР
Гост. «Энергетик»
СЛАВЯНСКАЯ ПЛ.
Иоанно-Предтеченский монастырь
ц. Николая Чудотворца
ВОРОНЦОВО ПОЛЕ
ц. Ильи Пророка
ВЕРХ. СЫРОМЯТНИЧЕСКАЯ УЛ.
Театр «На Пятом этаже»
Музей Д. Сахарова
КОСТОМАРОВСКИЙ ПЕР.
ЯУЗСКИЙ БУЛ.
ПЛ. ЯУЗСКИЕ ВОРОТА
ц. Жив. Троицы и Усекн. главы И. Предтечи (в колокольне)
КРЕМЛЬ
МОСКВОРЕЦКАЯ НАБ.
Гост. «Балчуг-Кемпински»
РАУШСКАЯ НАБ.
САДОВНИЧЕСКАЯ
ц. Георгия победоносца
ц. Николая Чудотворца
КОТЕЛЬНИЧЕСКАЯ НАБ.
ц. Покрова
ц. Симеона Столпника
Театр Русской драммы Щепенко
ц. Никиты
ц. Николая Чудотворца
Центр-музей В.В.Высоцкого
Театр «На Таганке»
Спасо-Андроников монастырь
Музей древнерусской культуры и иск. им. А.Рублёва
УЛ. СЕРГИЯ РАДОНЕЖСКОГО
ПЛ. ИЛЬИЧА
РИМСКАЯ
ПЛ. РОГОЖСКОЙ ЗАСТАВЫ
РОГОЖСКИЙ ВАЛ
ц. Мартина Исповедника
Театр «Сказка кукол»
МАРКСИСТСКАЯ
ТАГАНСКАЯ УЛИЦА
ТАГАНСКАЯ ПЛ.
ТАГАНСКАЯ
ц. Успения Богородицы
Театр «Лехаим»
Музей Л.Н. Толстого
НОВОКУЗНЕЦКАЯ
ПЯТНИЦКАЯ
Дом-музей А.Н. Островского
Историческая мечеть
ц. Иверской иконы
ц. Троицы
ц. свт. Николая
ц. Спаса Преображения
ц. Покрова
Театральный музей им. Бахрушина
ПАВЕЛЕЦКАЯ
ПАВЕЛЕЦКАЯ ПЛ.
ПАВЕЛЕЦКИЙ
УЛ. ЗАЦЕПСКИЙ ВАЛ
Н. КРАСНОХОЛМСКАЯ УЛ.
Международный Дом Музыки
Москва
Гост. «Katerina-City»
Новоспасский монастырь
УЛИЦА БОЛЬШИЕ КАМЕНЩИКИ
МАРКСИСТСКАЯ УЛИЦА
Свято-Покровский монастырь
Больн. № 84
ПЛ. КРЕСТЬЯНСКАЯ ЗАСТАВА
КРЕСТЬЯНСКАЯ ЗАСТАВА
ПРОЛЕТАРСКАЯ
ВОЛГОГРАДСКИЙ ПР.
ц. Иерусалимской иконы Божией Матери
Больница физиотерапевтическая

Das russische Alphabet

Druck-schrift	Schreib-schrift	Buchstaben-name	deutsche Entsprechung	Aussprache etwa wie in
А, а	А, а	а	a	*betont:* B**a**hn *unbetont:* k**a**nn, Berg**e**
Б, б	Б, б	бэ	b	*hart:* **B**ad; weich: **B**ianca
В, в	В, в	вэ	w	*hart:* **w**as, weich: Pa**v**iane
Г, г	Г, г	гэ	g	*hart:* **G**arten; *weich:* Re**gi**on
Д, д	Д, д	дэ	d	*hart:* **d**och; *weich:* Ra**di**o
Е, е	Е, е	е	je e *nach Konsonant*	*betont:* **je**ne, **je**tzt; *unbetont:* **ji**ddisch *betont:* B**e**tt, B**ee**t; *unbetont:* b**i**tte
Ё, ё	Ё, ё	ё	jo o *nach Zischlaut*	*nur betont:* **Jo**chen Gorbatsch**o**w
Ж, ж	Ж, ж	жэ	sh *immer stimmhaft*	*nur hart:* Eta**g**e
З, з	З, з	зэ	s *immer stimmhaft*	*hart:* **S**ohn; *weich:* Exkur**si**on
И, и	И, и	и	i	**I**gel, *unbetont:* b**i**tte
Й, й	Й, й	и кра́ткое	j	Junior, Ma**i**
К, к	К, к	ка	k	*hart:* **K**och; *weich:* Ban**ki**er
Л, л	Л, л	эл	l	*hart:* we**ll** *(engl.)*; *weich:* Li**li**e
М, м	М, м	эм	m	*hart:* **M**eer; *weich:* Mu**mi**e
Н, н	Н, н	эн	n	*hart:* **N**ame; *weich:* **ni**e
О, о	О, о	о	o	*betont:*T**o**chter; *unbetont:* k**a**nn
П, п	П, п	пэ	p	*hart:* **P**a**p**a; *weich:* Olym**pi**ade
Р, р	Р, р	эр	r	*hart:* **R**asen; *weich:* O**ri**ent
С, с	С, с	эс	ss *immer stimmlos*	*hart:* Pa**ss**; *weich:* Disku**ssi**on
Т, т	Т, т	тэ	t	*hart:* **T**ante; *weich:* An**tj**e
У, у	У, у	у	u	*betont:* **U**hu; *unbetont:* Uh**u**
Ф, ф	Ф, ф	эф	f	*hart:* **F**oto; *weich:* **Fi**eber
Х, х	Х, х	ха	ch	*hart:* a**ch**; *weich:* i**ch**
Ц, ц	Ц, ц	цэ	z	*nur hart:* **Z**ahn
Ч, ч	Ч, ч	че	tsch	*nur weich:* Deu**tsch**e
Ш, ш	Ш, ш	ша	sch	*nur hart:* Mi**sch**ka
Щ, щ	Щ, щ	ща	sch(t)sch	*nur weich, wie langes sch:* Fri**sch-Sch**inken
ъ	ъ	твёрдый знак	–	*kein selbstständiger Laut, vorheriger Konsonant wird hart ausgesprochen*
ы	ы	ы	y	*ähnlich wie in* W**i**rt*, mit breitem Mund ausgesprochen; nie am Wortanfang*
ь	ь	мя́гкий знак	–	*kein selbstständiger Laut, vorheriger Konsonant wird weich ausgesprochen*
Э, э	Э, э	э	ä e	*betont:* **Ä**rger *unbetont:* **E**thik
Ю, ю	Ю, ю	ю	ju (j)u *nach Konsonant*	**Ju**ni; *unbetont:* **Ju**wel L(j)**u**ba; *unbetont:* Uh**u**
Я, я	Я, я	я	ja a *nach Konsonant*	*betont:* **Ja**hr *betont:* tj**a**

Russisch als zweite Fremdsprache

Конечно! 1

von
Christine Amstein-Bahmann
Ulf Borgwardt
Monika Brosch
Elena Denisova-Schmidt
Danuta Gentsch
Peter Jakubow
Gisela Reichert-Borowsky
Evelyn Walach

Ernst Klett Verlag
Stuttgart • Leipzig

Конечно! 1

Autorinnen und Autoren: Christine Amstein-Bahmann, Grumbach; Dr. Ulf Borgwardt, Wackerow; Dr. Monika Brosch, Grimma; Dr. Elena Denisova-Schmidt, Klettgau; Danuta Gentsch, Erfurt; Peter Jakubow, Dettenhausen; Gisela Reichert-Borowsky, Tübingen; Evelyn Walach, Berlin

Beratung: Dr. Rainer Berthelmann, Halle

Zusatzmaterialien für Schüler und Schülerinnen zu diesem Band:
Arbeitsheft, Klett-Nr. 527528
Grammatisches Beiheft, Klett-Nr. 527501

1. Auflage 1 15 14 13 12 | 2026 25

Alle Drucke dieser Auflage sind unverändert und können im Unterricht nebeneinander verwendet werden. Die letzte Zahl bezeichnet das Jahr des Druckes.

Internetadresse: www.klett.de

Redaktion: Ekaterina Danilevskaya, Dr. Swantje Dietsche, Dr. Elisabetta Nöldeke
Gestaltung: Miriam Groh

Umschlaggestaltung: Know Idea GmbH, Freiburg
Illustrationen: Yaroslav Schwarzstein, Hannover
Reproduktion: Meyle + Müller GmbH + Co. KG, Pforzheim
Druck: Himmer GmbH Druckerei, Augsburg

Printed in Germany.
ISBN 978-3-12-527494-5

9 783125 274945

Erläuterungen

S 12 ◎	**Audio**	Der Text bzw. die Übung ist in den Audios (online) des Arbeitsheftes zu hören. Die Ziffer verweist auf die Track-Nummer.
L 27 ◎	**Lehrer-CD**	Der Text bzw. die Übung ist nur auf der Lehrer-CD zu hören. Die Ziffer verweist auf die Track-Nummer.
	Partnerarbeit	Hier arbeitet ihr zu zweit, entweder mit eurem Sitznachbarn oder mit einem anderen Klassenkameraden.
	Gruppenarbeit	Hier arbeitet ihr in einer Gruppe von drei oder mehreren Schülern.
	Schriftliche selbstentdeckende Grammatik	Hier könnt ihr grammatische Inhalte selbstständig erarbeiten, in eure Hefte eintragen und ergänzen.
✻	**Portfolio**	Besonders gelungene Arbeiten könnt ihr in einer eigens dafür angelegten Mappe (Portfolio-Ordner) abheften.
www	**Internet**	Hier könnt ihr im Internet auf Informationssuche gehen.
§ 18	**Grammatik-Paragraf**	Hier findet ihr einen Verweis auf das entsprechende Grammatikkapitel im Grammatischen Beiheft.
3	**Übung im Arbeitsheft (Рабóчая тетрáдь)**	An dieser Stelle findet ihr einen Verweis auf weitere Übungen in eurem Arbeitsheft (Рабóчая тетрáдь), die ihr nach der Arbeit mit dem Schülerbuch lösen könnt.
	Fakultative Seiten	Die gelb unterlegten Seiten (чтéние-Seite am Ende der Lektionen, ТРКИ-Seiten, Spiel) sind fakultativ.

Um die Lesbarkeit zu erleichtern, haben wir in den Aufgaben nur die Lehrer, Schüler, Partner und Freunde erwähnt. Selbstverständlich sind damit auch alle Lehrerinnen und Schülerinnen, Partnerinnen und Freundinnen gemeint!

Приве́т, Росси́я!

РОССИЯ
СИБИРЬ
АЗИЯ
УРАЛ
КАВКАЗ
Лена
Енисей
Обь
Волга
Дон
Владивосток
Новосибирск
Омск
Сочи

Старт

S 1 1 Ну, дава́йте! 1

Eine neue Sprache? Kein Problem. Ihr könnt Russisch schon beim Hören erkennen. Versucht es gleich mal: Hört die Ansagen in verschiedenen Flugzeugen, die nach Moskau fliegen. Welche der Ansagen ist auf Russisch? Erkennt ihr andere Sprachen?

2 10, 9, 8 ...

S 2 **а)** Hört den Start von drei verschiedenen Raketen. Zeigt bei jeder gesprochenen Zahl die entsprechende Ziffer mithilfe der Finger.

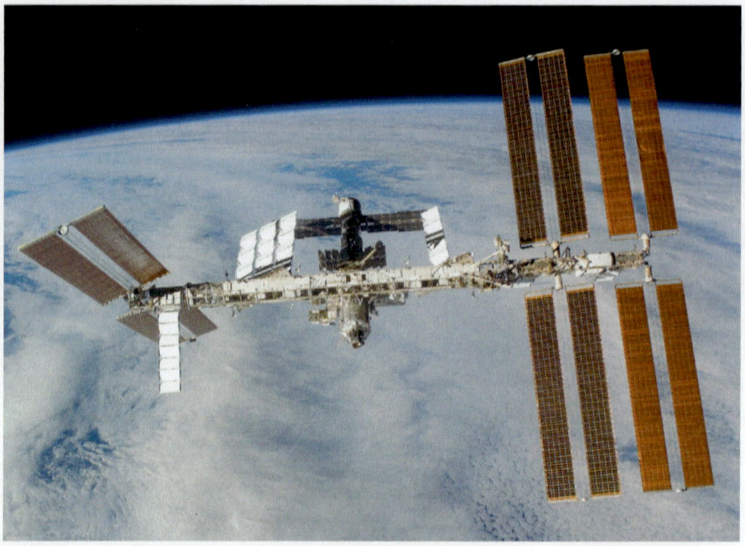

S 3, 4 **б)** Hört die Zahlen von 1 bis 10 und sprecht jede Zahl nach. Hört nochmals die Zahlen und ergänzt die fehlende Zahl in der Reihe.

в) Einer beginnt und malt eine Zahl in die Luft. Der linke Nachbar errät die Zahl und schreibt die nächste Zahl für seinen linken Nachbarn in die Luft usw.

S 5 **г)** Zahlen-Rap: Versucht ihn nachzusprechen.

д) Arbeitet zu zweit. Zählt auf Russisch von 1 bis 10. Haltet bei einer Zahl an, euer Partner nennt die fehlende Zahl. Setzt das Spiel so fort. Tauscht nach einer Runde die Rollen.

S 6 3 Ми́шка

Ми́шка wird euch durch das Buch begleiten. Hört, wie sich unser Maskottchen vorstellt, und sprecht nach, was er sagt.

4 Цепо́чка

Macht eine Kettenübung: Einer von euch beginnt und sagt, wie er heißt. Dann fragt er seinen Nachbarn nach seinem Namen. Dieser antwortet und fragt den nächsten usw.

Росси́я – Герма́ния

Аа	Бб	Вв	Гг	Дд	Ее	Ёё	Жж	Зз	Ии	Йй
Кк	Лл	Мм	Нн	Оо	Пп	Рр	Сс	Тт	Уу	Фф
Хх	Цц	Чч	Шш	Щщ	ъ	ы	ь	Ээ	Юю	Яя

Das deutsche h wird meist durch г ersetzt: Га́мбург. Der Buchstabe ü wird durch ю wiedergegeben: Мю́нхен. Das ь hat keinen Laut. Es zeigt euch, dass der vorangehende Konsonant weich ist.

5 Алфави́т 2, 3

а) Seht euch die roten Buchstaben an. Was stellt ihr fest?
Versucht folgende Wörter zu lesen: кака́о, те́ма, такт, ма́ма.

S 7 **б)** Die grünen Buchstaben kennt ihr auch, aber sie bezeichnen im Russischen andere Laute.
Hört die Wörter und lest mit. Welche Laute könnt ihr welchen Buchstaben zuordnen?
Но́та, старт, ха́ос, теа́тр, ка́рта, су́мма, тра́ктор, мото́р, торт, е́вро.

в) Lest die Wörter laut vor und nennt die deutsche Bedeutung.

6 Росси́я и Герма́ния 4, 5, 6

Nun lernt ihr die spannendste Buchstabengruppe.

S 8 **а)** Hört die deutschen Städtenamen und lest mit. Lest anschließend die Städtenamen laut vor.

Дюссельдо́рф
Магдебу́рг
Шту́тгарт
Дре́зден
Фра́нкфурт
Мю́нхен
Га́мбург
Берли́н

Владивосто́к
Омск
Санкт-Петербу́рг
Со́чи
Москва́
Новосиби́рск

б) Schlagt die Landkarte auf S. 8/9 auf. Sucht die deutschen Städte nacheinander auf der Karte. Bei jeder Stadt findet ihr einen Buchstaben. Schreibt die Buchstaben nacheinander auf. Wie lautet das Lösungswort? Was könnte es heißen?

S 9 **в)** Hört die russischen Städtenamen und sprecht sie nach. Sucht die Städte ebenfalls auf der Landkarte. Auch hier findet ihr Buchstaben. Notiert sie wieder in der richtigen Reihenfolge. Welches Lösungswort habt ihr gefunden? Übersetzt es ebenfalls.

7 Евро́па – А́зия

Schlagt noch einmal die Landkarte auf. Sucht die Bezeichnungen für die Erdteile. Sie werden von einem Gebirge mit vier Buchstaben getrennt. Wie heißt dieses Gebirge?

Что э́то?

Аа	Бб	Вв	Гг	Дд	Ее	Ёё	Жж	Зз	Ии	Йй
Кк	Лл	Мм	Нн	Оо	Пп	Рр	Сс	Тт	Уу	Фф
Хх	Цц	Чч	Шш	Щщ	ъ	ы	ь	Ээ	Юю	Яя

8 Сувени́ры 7, 8

S 10 **а)** Hier sind russische Souvenirs abgebildet. Erklärt, was das für Gegenstände sind und nennt die deutsche Bezeichnung. Hört euch dann die Aussprache der russischen Wörter an und lest laut mit.

б) Jeder von euch zeichnet drei Andenken. Fragt euch dann gegenseitig nach den Souvenirs und antwortet.

★ Что э́то?
★ Э́то самова́р.

9 Ха́ос 9

Welche Wörter sind in dem Silbensalat versteckt? Lest sie euch gegenseitig vor.

1. Я СИ РОС
2. ТУЛ ШКА КА
3. ДИ ТОК ВЛА ВОС
4. РЁ МАТ ШКА
5. РЫ НИ ВЕ СУ
6. ЛА КА ЛАЙ БА

10 Зву́ки 10

S 11 **а)** Hört euch die Wörter genau an und lest mit. Achtet auf die Aussprache des Buchstabens **о**: **Со́чи**, **но́та**, **Москва́**, **Росси́я**, **самова́р**, **Омск**.

б) Sprecht die Wörter laut nach. Wie wird das **о** ausgesprochen, wenn es betont ist? Wie wird es gesprochen, wenn es nicht betont ist?

в) Lest jetzt noch einmal die Wörter vor. Achtet dabei auf die Betonungszeichen.

In Lehrbüchern helfen Betonungszeichen bei der Aussprache: Москва́. Achtung: Der Buchstabe **ё** ist immer betont.

Кто э́то?

S 12 11 Приве́т, ребя́та!

Das sind die Jugendlichen, mit denen ihr die Sprache und den russischen Alltag kennen lernen werdet. Versucht herauszufinden, wer sich gerade vorstellt.
Sprecht die Namen nach und nennt die Nummern der jeweiligen Fotos.

1 Еле́на Соколо́ва

2 Макси́м Кузнецо́в

3 Ири́на Лукина́

4 Ви́ктор На́уман

12 Нет, э́то Ми́шка 11

S 13 **а)** Hört euch die Minidialoge an. Sprecht sie nach.

б) Fragt nun nach den Personen auf den Fotos.
Bejaht oder verneint die Antwort und korrigiert.

1. ★ Кто э́то? Э́то Еле́на?
   ★ Да, э́то Еле́на.
2. ★ Кто э́то? Э́то Макси́м?
   ★ Нет, э́то …

1. Э́то Еле́на?

2. Э́то Макси́м?

3. Э́то Ири́на?

4. Э́то Ми́шка?

5. Э́то Ви́ктор?

13 О себе́

Bringt Fotos von euren „Stars“ mit, zeigt sie der Klasse und fragt: Кто э́то? Э́то … ?

Меня́ зову́т ...

S 14 ◎ **14 Я Ири́на** 12

Hört zu, wie sich die Jugendlichen begrüßen.
Mit welchen Wendungen nennt man im Russischen seinen Namen?
Wie fragt man jemanden nach dem Namen?
Und wie stellt man jemanden vor?

15 О себе́

Begrüßt euch gegenseitig, fragt euch nach dem Namen und stellt euch und andere Mitschüler vor.

16 А́нна и́ли А́ня?

а) Lest die Namen vor.

б) Findet zu den Vornamen die passenden Kurzformen.
Tipp: Vergleicht zunächst die Anfangsbuchstaben. Wenn das nicht klappt, lasst den oder die ersten Buchstaben der langen Form weg.

Сáша – А́ня – О́ля – Вáля – Кáтя – Зи́на – Ли́за

Вáня – Кóля – Вáля – Пáша – Слáва – Бóря – Сáша

в) Zwei Kurzformen können zu Verwechslungen führen. Welche?

г) Schreibt jede Kurzform auf ein Kärtchen und legt sie auf einen Stapel. Jeder zieht ein Kärtchen. Begrüßt euch und fragt euch gegenseitig nach dem Namen.

★ Привéт. Меня́ зовýт О́ля. А как тебя́ зовýт?
★ Привéт. Я Слáва. А как …?

S 15 ◎

17 Звýки

13

а) Hört die folgenden Namen und achtet auf die s-Laute. Sprecht die Namen nach. Betont den Buchstaben mit dem Betonungszeichen: **Зи́на**, **Слáва**, **Ли́за**, **Сáша**, **Бори́с**, **Злáта**.

б) Fertigt zwei Kärtchen mit **з** und **с** an. Hört die Namen noch einmal. Wenn ihr einen s-Laut hört, der wie eine summende Biene klingt, hebt das Kärtchen mit dem **з**. Wenn der s-Laut wie eine zischende Schlange klingt, dann hebt das Kärtchen mit dem **с**.

в) Lest die Namen aus a) mit der richtigen Aussprache der s-Laute vor.

Хóбби

Аа	Бб	Вв	Гг	Дд	Ее	Ёё	Жж	Зз	Ии	Йй
Кк	Лл	Мм	Нн	Оо	Пп	Рр	Сс	Тт	Уу	Фф
Хх	Цц	Чч	Шш	Щщ	ъ	ы	ь	Ээ	Юю	Яя

18 Гитáра, скейтбóрд … 14, 15

S 16 а) Die Jugendlichen habt ihr schon kennen gelernt. Jetzt erfahrt ihr, welche Hobbys und Lieblingsspeisen sie haben. Hört zu und sprecht die Wörter nach.

б) Welches Wort gehört zu welchem Gegenstand?

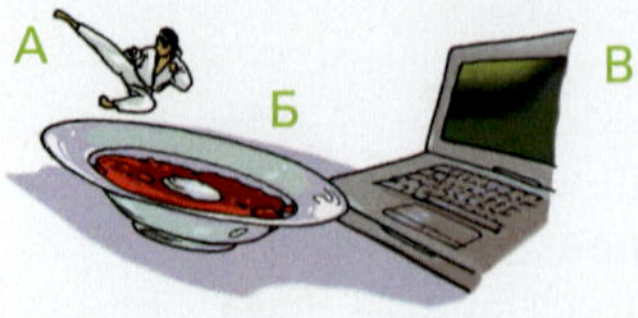

1.
компьютер
каратэ́
борщ

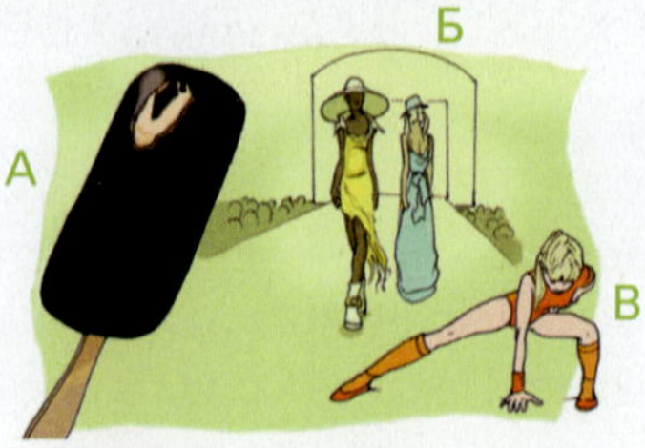

2.
мóда
фи́тнес
морóженое

3.
пиани́но
лóшади
спагéтти

4.
гитáра
скейтбóрд
гáмбургер

в) Schreibt die Tabelle ab. Ergänzt die Familiennamen. Hört nochmals den Text und tragt die Hobbys und das Lieblingsgericht unter der jeweiligen Person ein.

Ви́ктор ?	Ири́на ?	Елéна ?	Макси́м ?

19 Аутсáйдер 16, 17, 18

Lest die Wörter laut und findet den „Außenseiter". Begründet eure Entscheidung.

1. Макси́м, Лукинá, Елéна, Ви́ктор
2. морóженое, гáмбургер, сувени́р, спагéтти
3. балалáйка, гитáра, пиани́но, борщ
4. скейтбóрд, фи́тнес, каратэ́, матрёшка

20 О себé

* Lest nochmals die Hobbys und Lieblingsspeisen der vier Jugendlichen. Welche davon mögt ihr auch, welche nicht? Fertigt eine Tabelle an und tragt die Wörter ein. Legt sie im Dossierteil des Portfolio-Ordners ab.

♥	♥ (durchgestrichen)
спагéтти	борщ

Москвá

1

2

3

4

5

6

7

8

9

21 А, Б, В …

S 17 **а)** Hört euch das russische Alphabet an. Das vollständige russische Alphabet findet ihr auf der dritten Seite des vorderen Innenumschlags.
б) Sprecht beim zweiten Hören jeden einzelnen Buchstaben nach.
S 18 **в)** Hört das „А, Б, В, Г, Д"-Lied und singt es mit.

22 Пóчта и́ли кáсса?

а) Versucht die Aufschriften an Gebäuden in Moskau zu entziffern. Lest sie laut vor.
б) Einer von euch sucht sich ein Foto aus und buchstabiert die Aufschrift. Der andere errät das Wort und nennt die Nummer des Fotos.

Der Buchstabe **ъ** bezeichnet keinen selbstständigen Laut und steht nie am Wortanfang. Er weist darauf hin, dass der folgende Vokal mit „j" ausgesprochen wird: объéкт, субъéкт.

Кафе́ «Плане́та»

А

Б

В

Г

L 1 **а)** Послу́шайте диало́ги. (Hört zu.) Hört die Dialoge an und ordnet sie den Fotos zu.
Сце́на 1 – Э́то фо́то …

б) Hört die Dialoge ein zweites (und drittes) Mal. Notiert auf Deutsch, welche russischen Wörter ihr verstanden habt.

в) Einige der Wörter könnt ihr schon auf Russisch schreiben. Notiert sie.

Как делá?

S 21 ◎ **1**

Учи́тельница: Здрáвствуй, Лéна! Здрáвствуй, Макси́м!
Макси́м: Дóбрый день, Áнна Ивáновна!
Учи́тельница: Как делá, ребя́та?
Лéна: Хорошó, спаси́бо, Áнна Ивáновна.
Учи́тельница: Ну, до свидáния, ребя́та, до зáвтра.
Лéна: До зáвтра.
Макси́м: До свидáния.

S 22 ◎ **2**

Макси́м: Ѝра, э́то ты? Привéт!
Ѝра: Да, Макс, э́то я! Привéт!
Макси́м: Как делá?
Ѝра: Нормáльно.
Макси́м: Ѝра, э́то Лéна, одноклáссница. А э́то Ѝра. Онá сосéдка.
Лéна: Привéт! Óчень прия́тно.
Ѝра: Мне тóже.
Макси́м: Ну, покá, Ѝра.
Ѝра: Покá-покá!

1 Привéт! 1

S 23 ◎ **а)** Послýшайте диалóги.
Sagt, welche der beiden Wendungen ihr jeweils gehört habt.

1. а) Дóбрый день! б) Дóбрый вéчер!
2. а) Здрáвствуйте! б) Здрáвствуй!
3. а) Покá-покá! б) Привéт!
4. а) До свидáния! б) До зáвтра!

б) Состáвьте диалóги. Разыгрáйте сцéнки. (Erstellt Dialoge. Spielt die kleinen Szenen.)

1

2

3

4

L 2 ◎ 2 На́стя, приве́т!

Schreibt die Tabelle ab und füllt sie beim Hören schrittweise aus.

Szene	Begrüßung	Vorstellung	Verabschiedung	Wo?	Wer?
1	■	■	■	■	■
2	■	■	■	■	■
3	■	■	■		

а) Послу́шайте диало́ги. Kreuzt in der Tabelle an, ob sich die Personen begrüßen, vorstellen oder verabschieden.

б) Hört euch die drei Szenen noch einmal an und notiert auf Deutsch, wo die Gespräche stattfinden.

в) Wie heißen die Personen, die sich unterhalten? Notiert ihre Namen.

3 Так говоря́т – Приве́т! Пока́! 2, 3

!

So begrüßt man sich:
Приве́т!
Приве́т, И́ра!
Здра́вствуй, Ири́на!
Здра́вствуйте, Ле́на и Макс!
Здра́вствуйте, А́нна Ива́новна!
До́брое у́тро!
До́брый день!
До́брый ве́чер!

So verabschiedet man sich:
Пока́!
Пока́-пока́!
Пока́, Макс!
До свида́ния!
До свида́ния, Ири́на!
До свида́ния, А́нна Ива́новна!
До за́втра!

So fragt man, wie es einem Freund geht:
Как дела́?

So antwortet man auf diese Frage:
Спаси́бо, хорошо́. ☺
Норма́льно./Так себе́./Ничего́. 😐
Не о́чень. ☹

а) Schreibt jede Wendung auf ein Kärtchen. Es müssen am Schluss so viele Kärtchen vorliegen, wie ihr Schüler in der Klasse seid. Wenn die Wendungen für euch nicht ausreichen, schreibt die Begrüßungen und Verabschiedungen mit anderen Namen auf. Legt die Kärtchen auf einen Stapel. Jeder von euch zieht ein Kärtchen. Sucht euch nun einen Partner. Der eine liest sein Kärtchen vor, der andere übersetzt ins Deutsche. Dann wechselt ihr. Anschließend tauscht ihr die Kärtchen und sucht euch einen neuen Partner. Wechselt mindestens fünfmal eure Kärtchen und Partner.

б) **О себе́** Geht jetzt durch die Klasse und begrüßt euch gegenseitig. Fragt, wie es geht, und verabschiedet euch.

Приве́т! und Пока́! sagt man nur unter Freunden.

Что ещё?

S 24 **1**

Ле́на: Приве́т, ребя́та!
И́ра: Приве́т, Ле́на!
Макси́м: Приве́т, Ле́на! Ну что, И́ра, рестора́н и́ли кафе́?
И́ра: Нет, не рестора́н. Он далеко́. Лу́чше кафе́. Мо́жет быть, кафе́ «Плане́та»?
Ле́на: Да, кафе́ «Плане́та» – э́то су́пер иде́я!
Макси́м: Хорошо́, дава́йте. Так, а где же кафе́? И́ра, где оно́?
И́ра: Вот там.

S 25 **2**

Ле́на: Мне, пожа́луйста, сала́т «Це́зарь».
Касси́р: Что ещё?
Ле́на: Борщ.
Касси́р: Что ещё?
Ле́на: Лимона́д и хлеб.
Касси́р: Всё?
Ле́на: Да. Спаси́бо.
И́ра: А мне щи и пельме́ни.
Касси́р: Ма́сло и́ли со́ус?
И́ра: Ма́сло.
Касси́р: Что ещё?
И́ра: Квас.
Макси́м: Мне, пожа́луйста, гуля́ш и пюре́, и сок «Я́блоко».
Касси́р: Всё?
Макси́м: Да. Спаси́бо.

1 К те́ксту

а) Кто э́то говори́т? (Wer sagt das?) » 1. Э́то Ле́на.

1. «Борщ.»
2. «Да. Спаси́бо.»
3. «Хорошо́, дава́йте.»
4. Мне, пожа́луйста, сала́т «Це́зарь».
5. «Что ещё?»
6. «А мне щи и пельме́ни.»

б) Schreibt alle Speisen und Getränke, die im Text genannt werden, auf und übersetzt sie. Welche Gerichte kennt ihr nicht?

в) Sucht im Internet Beschreibungen dieser Gerichte und erläutert sie den Mitschülern.

2 Как дела́? – Норма́льно. 4–6

а) Was passt zusammen?

1. И́ра, где оно́? → г)
2. Что ещё?
3. Всё?
4. Э́то су́пер иде́я.
5. Ма́сло и́ли со́ус?

а) Лимона́д.
б) Да, спаси́бо.
в) Хорошо́, дава́йте.
г) Вот там.
д) Ма́сло.

б) Bildet Vierergruppen und lest Szene 2 mit verteilten Rollen.

3 Страте́гия – Internationalismen und Fremdwörter 7, 8

! Im Russischen gibt es Wörter, die ihr sofort versteht, weil sie in ähnlicher Form auch im Deutschen, Englischen, Französischen, Lateinischen und anderen Sprachen vorkommen. Diese Wörter heißen Internationalismen.

Beim Lesen werdet ihr die Wörter in kyrillischer Schrift nicht immer sofort erkennen, sprecht sie euch deshalb laut vor. Sie können sich durch Aussprache (z. B. гуля́ш), Schreibung (z. B. ко́фе) oder Geschlecht (z. B. плане́та) von den Wörtern, die ihr kennt, unterscheiden.

а) Lest die Wörter laut und findet die deutsche Bedeutung heraus. Achtet auf die Betonung.

пи́цца	бульо́н	кефи́р	капучи́но	докуме́нт
ра́дио	юри́ст	шашлы́к	кино́	календа́рь
стадио́н	рюкза́к	такси́	рекла́ма	футбо́л
суп	авто́бус	омле́т	журнали́ст	метро́
бюро́	телефо́н	Интерне́т	президе́нт	шко́ла
библиоте́ка	пюре́	инжене́р	журна́л	пробле́ма

б) **Прое́кт – колла́ж (Projekt – Collage):** Schreibt alle Wörter auf, die mit dem Thema „Essen und Trinken" zu tun haben, und gestaltet damit eine Collage.
Tipp: Vielleicht findet ihr weitere Anregungen in einem russischen Geschäft.

4 Кафе́

Ihr seid in einem Selbstbedienungscafé in Russland und gebt bei der Kassiererin die Bestellung auf. Spielt den Dialog und wechselt danach die Rollen. Wer schafft es, die meisten Gerichte zu bestellen?

5 По следа́м … §1 9

а) Woran erkennt man im Russischen das Geschlecht (Genus) der Substantive? Schaut die Beispiele in der Tabelle an.
б) Was fällt euch als Unterschied zum Deutschen und den anderen Sprachen auf, die ihr bisher gelernt habt?
в) Zu welchem Geschlecht gehören Па́ша und Ко́ля?
г) Schreibt die Tabelle ab. Bestimmt das Geschlecht der Wörter in Übung 3 und tragt jeweils fünf weitere Wörter in die Spalten ein.

он ♂	оно́	она́ ♀
Макси́м	у́тро	Ири́на
сосе́д	ма́сло	сосе́дка
учи́тель	пюре́	учи́тельница
чай	кафе́	иде́я

Что де́лать?

S 26 **1**

И́ра: Гита́ра, но́ты … Интере́сно, кто э́то? Музыка́нт?
Ле́на: Да, газе́ты, журна́лы, пи́сьма, рюкза́к, о́чень интере́сно. Мо́жет быть, он тури́ст?
Ви́ктор: Нет, я не тури́ст. Я гитари́ст. Ско́ро конце́рт. А я …
Макси́м: Мо́жно?
Ви́ктор: Да-да, коне́чно, ребя́та … Меня́ зову́т Ви́ктор.
Макси́м: А мы Макси́м, Ле́на и И́ра.

S 27 **2**

Ви́ктор: Телефо́н! Извини́те! … Алло́? …
Нет, это не 925 465 73 48.
Это 925 465 73 49. … Опя́ть! …
Алло́? … Вы то́же музыка́нты? …
Нет, э́то не они́ … Письмо́? …
Да, и кни́ги, коне́чно, то́же!
Пока́!
Ну, хорошо́, мне уже́ пора́.
И́ра/Ле́на: Пока́-пока́!
Макси́м: До свида́ния!
Ви́ктор: Пока́!

S 28 **3**

И́ра: Что э́то? Моби́льник?
Макси́м: Ой, что де́лать?
И́ра: Так, где же но́мер?
Э́то «Ма́ма» +7 923 …, так э́то «Па́па» 8 10 49 … Вот э́то «Дом» +7 495 108 27 53.

1 К те́ксту

Прочита́йте диало́г. Отве́тьте на вопро́сы. (Lest den Dialog. Antwortet auf die Fragen.)

1. Ви́ктор тури́ст и́ли гитари́ст?
2. Ско́ро конце́рт и́ли фильм?
3. Но́мер 925 465 73 49 – э́то Ви́ктор?
4. 8 10 49 … – э́то па́па и́ли ма́ма?

2 Оди́н – два – три §2 10, 11

S 29 **а)** Послу́шайте текст. Lest den Reim mehrmals laut und lernt ihn dann auswendig.

> Оди́н, два, три.
> Где же такси́?
> Четы́ре и пять –
> Э́то ты опя́ть!
> Шесть, семь, во́семь, де́вять,
> И коне́чно, де́сять!

б) Прочита́йте ци́фры. (… Ziffern.) Ergänzt die fehlenden Zahlwörter.

1. 2 – 4 – ■ – 8 – ■
2. 9 – ■ – 5 – 3 – ■
3. 1 – ■ – 5 – 7 – ■
4. 2 – 3 – 5 – ■ – 8
5. ■ – ■ – ■ – 3 – 1
6. ■ – 7 – 5 – ■ – 2
7. 1 – 3 – 4 – 5 – ■
8. ■ – 9 – ■ – 7 – 6

3 Моби́льник 12

L 3 **а)** Послу́шайте CD. Notiert die Telefonnummern aus Viktors Telefonbuch.

б) Послу́шайте ещё раз. (… noch einmal.) Überprüft eure Aufzeichnungen. Ordnet die Telefonnummern den folgenden Personen zu.

1. Ви́ктор (моби́льник)
2. ма́ма
3. Ви́ктор (дом)
4. па́па

L 4 **в)** Ira findet in Viktors Telefonbuch auch die Telefonnummern seiner Freunde. Hört, was sie sagt, und findet heraus, zu welchen Personen die folgenden Nummern gehören. Welche dieser Nummern stehen nicht in Viktors Telefonbuch?

1. 8 975 218 32 49
2. +7 (946) 178 38 15
3. 8 966 534 98 72
4. 8 495 367 74 52
5. +7 495 389 15 31
6. 8 931 271 85 43

4 Алло́?

а) Schreibt jeder eure Telefonnummer auf einen Zettel und legt eure Zettel verdeckt auf einen Tisch. Einer von euch zieht eine Telefonnummer und liest sie vor. Derjenige, dem sie gehört, meldet sich und zieht die nächste Telefonnummer usw.

б) Sucht im Internet die Vorwahl für Russland. Findet ihr auch die Telefonvorwahlen von Moskau und Sankt Petersburg? Welche anderen russischen Städte kennt ihr? Wie lauten die Vorwahlnummern?

In Russland meldet man sich am Telefon nicht mit seinem Namen, sondern sagt nur «Алло́?».

✻ 5 Ри́фма

Legt in eurem Portfolio-Ordner eine Seite mit Reimwörtern an und überlegt euch dazu Verse. Hier einige Vorschläge:

ещё – всё | письмо́ – хорошо́ | где – мне
щи – три – такси́ | президе́нт – докуме́нт
касси́р – кефи́р | ты – мы – вы

Что ещё?
Э́то всё.

Я и ты –
э́то мы.

Ты касси́р?
Нет, но вот кефи́р.

6 По следа́м … §§ 3, 4 13–15

а) Sucht im Text (S. 23) die Pluralformen zu журна́л, газе́та, кни́га und письмо́.
Schreibt die vier Wörter im Singular und Plural.
Vergleicht die Endungen der Wortpaare und leitet die Regel für die Pluralbildung ab.

Singular	Plural

б) Setzt die folgenden Wörter in den Plural.

сала́т музыка́нт сок лимона́д гита́ра
сосе́дка моби́льник однокла́ссница
фо́то телефо́н тури́ст конце́рт
кино́ рюкза́к шко́ла метро́

Sächliche Internationalismen wie **кино́** und **метро́** werden nicht dekliniert.

в) Notiert fünf Substantive im Singular oder Plural.
Lest eure Sammlung der Klasse vor.
Bei jedem Wort zeigen die anderen entweder ein Kärtchen mit dem Wort „Singular" oder eines mit dem Wort „Plural".

Singular

Plural

7 Аутса́йдер

Welches Wort gehört nicht in die Reihe? Warum?

1. я́блоко – ма́сло – коне́чно – сок – чай
2. кни́га – учи́тельница – пи́сьма – шко́ла – однокла́ссник
3. сосе́дки – музыка́нты – такси́ – однокла́ссницы – тури́сты
4. лимона́д – сок – хлеб – чай – ко́фе

8 Кто э́то? – А э́то кто? §5

S 30 ◎ **а)** Послу́шайте CD. Sprecht die Fragen nach und achtet auf die Satzmelodie, die Intonation.

1. Кто э́то?
2. Э́то Бори́с?
3. А кто э́то?
4. Как тебя́ зову́т?
5. А как тебя́ зову́т?
6. И́ра, где кафе́?
7. Что ещё?
8. Э́то всё?
9. Как дела́?
10. Ма́сло и́ли со́ус?
11. Моби́льник?
12. Алло́?

S 31 ◎ **б)** Послу́шайте и повтори́те. (… sprecht nach.)

1. Э́то Еле́на.
2. А э́то Ви́ктор.
3. Меня́ зову́т Ле́на.
4. И́ра, э́то Ле́на.
5. Она́ сосе́дка.
6. Ско́ро конце́рт.
7. Мне уже́ пора́.
8. Нет, я не тури́ст.

S 32 ◎ **в)** Послу́шайте ещё раз. Zeigt ein Signalkärtchen mit einem Fragezeichen, wenn ihr eine Frage hört, und mit einem Punkt, wenn es sich um eine Aussage handelt. Wodurch konntet ihr Fragen und Antworten unterscheiden?

9 По следа́м … §§6, 7

Welche Personalpronomen fehlen in der Tabelle?

я	мы
■	вы
он / ■ / оно́	■

10 Цепо́чка 16–18

Bildet Sätze mit den Personalpronomen und denkt daran, dass im Russischen das Verb „sein" im Präsens nicht wiedergegeben wird. ★ Он гитари́ст, а ты? ★ Я музыка́нт, а …?

1 он → ты?

2 я → вы?

3 мы → она́?

4 она́ → они́?

Продо́лжите: (Setzt fort:) инжене́р – юри́ст – президе́нт – журнали́ст

11 По-ру́сски

Wie könnte sich das Gespräch auf Russisch anhören? Разыгра́йте сце́нку. (… Szene.)

- ★ Ira begrüßt Max.
- ★ Max begrüßt Ira und stellt ihr Lena vor.
- ★ Ira stellt sich selbst vor.
- ★ Beide freuen sich über die Bekanntschaft.
- ★ Max fragt Ira, wie es ihr geht.
- ★ Ira geht es gut.
- ★ Max zeigt auf Wiktor und fragt, wer das ist.
- ★ Lena sagt, dass er vielleicht Tourist oder Musiker ist.

Меню́[1]

а) Прочита́йте меню́.
б) Как по-ру́сски «Nachspeise», «Beilagen» и «Getränke»? (Was heißt auf Russisch ...?)
в) Findet das russische Wort für „Pommes frites".
✻ **г)** **О себе́** Stellt aus der Speisekarte selbst ein Tagesmenü zusammen. Legt dieses in euren Portfolio-Ordner.

Меню

Сала́ты

«Це́зарь»
«Фанта́зия»
«Сюрпри́з»[2]
«Фи́тнес»

Супы́

Борщ
Щи
Соля́нка[3]

Горя́чие блю́да

Пельме́ни
Шни́цель
Бефстро́ганов[4]
Шашлы́к
Блины́[5]
Пи́цца

Гарни́р

Гре́чка[6]
Пюре́
Карто́фель фри

Десе́рт

Моро́женое
Торт

Напи́тки

Вода́[7]
Ко́ла
Сок
Квас

---

1 меню́ Speisekarte – **2 сюрпри́з** Überraschung – **3 соля́нка** Fleisch- oder Fischsuppe – **4 бефстро́ганов** Beef Stroganow (geschnetzeltes Rindfleisch) – **5 блины́** flache Pfannkuchen – **6 гре́чка** Buchweizengrütze – **7 вода́** Wasser

Шкóла № 3

шкóла N° 3 А

Б охрáнник

гардерóб В

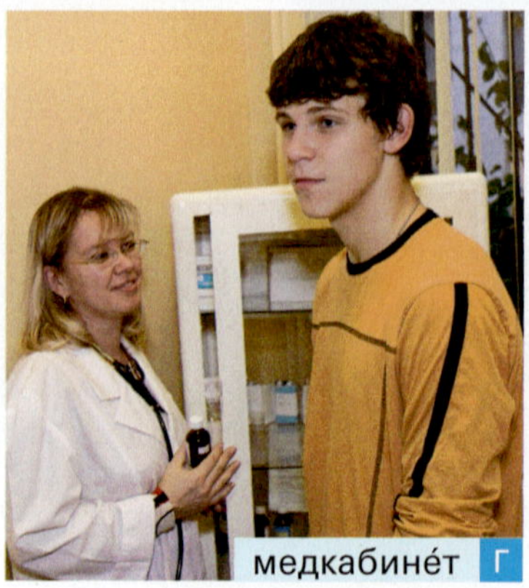
медкабинéт Г

Д кабинéт информáтики

L 5 **а)** Послýшайте. Ordnet die fünf Szenen den Fotos zu.
Сцéна 1 – э́то фóто …
Сцéна 2 – э́то …

б) **О себé** Vergleicht die russische Schule Nr. 3 mit eurer Schule. Welche Gemeinsamkeiten und welche Unterschiede stellt ihr fest?

S 35 Ты же специали́ст! 1

Понеде́льник у́тром. Кабине́т информа́тики. Вот Макси́м. Ле́на и Лю́ба то́же там.

Ле́на: Эй, Макс, что ты здесь де́лаешь?
Макси́м: Я? Я чита́ю e-mail. Компью́тер до́ма не рабо́тает.
Ле́на: Как не рабо́тает? Ты же специали́ст!
Макси́м: Ну, да! А что вы де́лаете?
Лю́ба: А мы про́сто игра́ем.
Макси́м: Вот как! А вы зна́ете, что де́лают Ди́ма и Ко́ля?
Ле́на: Они́ де́лают уро́ки.
Макси́м: Ну ла́дно, пока́!
Ле́на / Лю́ба: Пока́-пока́!

1 По следа́м … §§ 8, 9

а) Schreibt die Tabelle ab und sucht die fehlenden Formen im Text.

б) Findet weitere Verben, die dieselben Endungen wie **де́лать** haben. Schreibt sie ebenfalls als Tabelle auf und ergänzt die fehlenden Formen. Markiert den Verbstamm blau und die Endungen grün.

	де́лать
я	де́лаю
ты	■
он / а́	де́лает
мы	де́лаем
вы	■
они́	■

2 Кабине́т информа́тики 2

а) Допо́лните диало́ги. (Ergänzt …)

1. – Макс, что ты чита́■?
   – Я чита́■ e-mail. До́ма компью́тер не рабо́та■.
2. – Ле́на, ты зна́■, что де́ла■ Ди́ма и Ко́ля?
   – Зна́■, они́ де́ла■ уро́ки.
3. – Ди́ма и Ко́ля, что вы де́ла■?
   – Мы де́ла■ уро́ки.
4. – Макс, что де́ла■ Ле́на и Лю́ба?
   – Они́ про́сто игра́■.

б) Разыгра́йте диало́ги. (Spielt die Dialoge vor.)

3 Что они́ де́лают? §§ 8, 9 3

а) Was machen die Personen? Was sagen sie über sich? ➤ Лю́ба: Я …

1

2

3

4

б) **О себе́** Что вы де́лаете до́ма? Was macht ihr auch zu Hause? Überlegt euch kleine Dialoge mit den Wörtern, die ihr schon kennt.

На уро́ке

S 36 **1** Сего́дня вто́рник. Ле́на и Макси́м стоя́т в коридо́ре. Они́ говоря́т о конце́рте в шко́ле. Идёт А́нна Ива́новна.

Ле́на: Здра́вствуйте, А́нна Ива́новна!
А́нна Ива́новна: До́брое у́тро, Ле́на и Макси́м!
Макси́м: Ой, … здра́вствуйте, А́нна Ива́новна!
А́нна Ива́новна: Ско́ро звоно́к, а вы ещё стои́те в коридо́ре!

S 37 **2** Пе́рвый уро́к. Сейча́с неме́цкий язы́к. Ученики́ сидя́т в кла́ссе и пи́шут.

А́нна Ива́новна: Макси́м, что ты де́лаешь? Что там на столе́?
Макси́м: Э …, э …, я …
А́нна Ива́новна: Мы рабо́таем на уро́ке, а ты отдыха́ешь.
Макси́м: А я не отдыха́ю! Я чита́ю.
А́нна Ива́новна: Интере́сно, а что ты чита́ешь?
Макси́м: Журна́л «Компью́тер и мы».
А́нна Ива́новна: Но сейча́с не информа́тика, сейча́с мы у́чим неме́цкий язы́к. А ты не пи́шешь! Где текст о Ши́ллере?
Макси́м: Гм, гм …, не зна́ю.
А́нна Ива́новна: Ла́дно. В четве́рг ты де́лаешь на уро́ке рефера́т о Ши́ллере.
Макси́м: На ру́сском языке́?
А́нна Ива́новна: Что ты говори́шь, коне́чно на неме́цком!
Макси́м: Ой, то́лько не в четве́рг! В пя́тницу, пожа́луйста!
А́нна Ива́новна: Нет, в четве́рг. В пя́тницу мы уже́ смо́трим фильм о Ши́ллере и говори́м о фи́льме.

1 К тéксту   4

Прáвильно и́ли непрáвильно? (Richtig oder falsch?)

» Лéна и Макси́м стоя́т в коридóре.
Э́то прáвильно.

» Лéна и Макси́м говоря́т о школе.
Э́то непрáвильно. О́ни говоря́т о концéрте.

1. Лéна говори́т: «Привéт, А́нна Ивáновна!»
2. Сейчáс пéрвый урóк.
3. Ученики́ читáют о Ши́ллере.
4. Макси́м читáет журнáл «Компьютер и ты».
5. На урóке Макси́м пи́шет текст о Ши́ллере.
6. А́нна Ивáновна говори́т: «Сейчáс мы у́чим немéцкий язы́к!»
7. Макси́м говори́т: «Ой, реферáт о Ши́ллере на немéцком языкé!»
8. В пя́тницу ученики́ смóтрят фильм о Ши́ллере.

Referate über berühmte Schriftsteller gehören bei uns zum Unterrichtsstoff.

2 По следáм ...   §§ 9, 11, 12   5, 6

а) Schreibt die Tabelle ab und sucht die fehlenden Formen im Text.

б) Vergleicht die **и-Konjugation** (говори́ть) mit der **e-Konjugation** (дéлать, S. 29). Was stellt ihr fest?

в) Sucht weitere Verben im Text, die dieselben Endungen haben wie **говори́ть**. Legt für diese Verben eine Tabelle an und tragt die Verbformen ein. Ergänzt die fehlenden Formen. Markiert wie in der abgebildeten Tabelle den Verbstamm blau und die Endungen grün.

г) Schreibt die passenden Grundformen (Infinitive) in die Tabelle: стоя́ть, смотрéть, учи́ть, сидéть.

	говори́ть
я	говорю́
ты	■
он / á	говори́т
мы	■
вы	говори́те
они	■

3 Что они́ говоря́т?   7

Допóлните диалóги.

учи́ть | стоя́ть (2x) | говори́ть | смотрéть | сидéть

1. ★ Лю́ба, где Лéна и Макси́м?
   ★ Они́ ■ в коридóре.
2. ★ Ребя́та, что вы дéлаете?
   ★ Мы ■ немéцкий язы́к.
3. ★ Лéна, ты знáешь, где мой рюкзáк?
   ★ Он ■ в клáссе.
4. ★ А́нна Ивáновна, где ученики́?
   ★ Они́ ■ в клáссе.
5. ★ Лю́ба, что ты дéлаешь вéчером?
   ★ Вéчером я ■ фильм.
6. ★ А́нна Ивáновна, что мы сегóдня дéлаем на урóке?
   ★ Сегóдня мы ■ о Ши́ллере.

4 На уро́ке 8

а) Что де́лают ученики́ сего́дня в шко́ле? **б)** **О себе́** А что вы де́лаете в шко́ле?

5 Игра́

Schreibt alle Verben, die ihr schon kennt, im Infinitiv auf Kärtchen und legt sie verdeckt auf den Tisch. Spieler 1 deckt eine Karte auf und würfelt. Die Anzahl der Punkte zeigt die Form, die gebildet werden muss (1, 2, 3 = 1., 2., 3. Pers. Sg., 4, 5, 6 = 1., 2., 3. Pers. Pl.). Ist die Antwort richtig, behält Spieler 1 die Karte und darf noch einmal würfeln. Ist die Antwort falsch, wird die Karte unter den Stapel gelegt und Spieler 2 ist an der Reihe. Gewonnen hat, wer am Ende die meisten Karten hat.

6 По следа́м … § 13

а) Ihr habt im Text A die Präpositionen **в** und **на** kennen gelernt. Ihr wisst, dass nach einer Präposition immer ein Substantiv steht. Schreibt die folgende Tabelle ab:

в	на
в шко́ле	на конце́рте
в кла́ссе	на компью́тере
в метро́	на стадио́не

б) Ergänzt die Tabelle mit vier weiteren Beispielen aus Text A (S. 30), die mit den Präpositionen **в** oder **на** verbunden sind und einen Ort angeben, und findet heraus, auf welche Frage diese Verbindungen antworten.

в) Die Substantive stehen alle im 6. Fall, im Präpositiv. Woran erkennt ihr den Präpositiv? Woher könnte er seinen Namen haben?

7 Зву́ки

S 38 **а)** Послу́шайте и повтори́те.
Achtet auf die Aussprache der Präposition **в**. Was stellt ihr fest?

в‿кла́ссе, **в‿кино́**, **в‿шко́ле**, **в‿кабине́те**
в‿библиоте́ке, **в‿журна́ле**, **в‿музе́е**

Ученики́ в‿коридо́ре.
Они́ в‿музе́е.

б) Lest die Wortverbindungen laut vor.

8 Где они́? 9

Fragt euch gegenseitig, wo diese Personen sind. ★ Где Макс? ★ Макс в кла́ссе.

Лю́ба | Ле́на | И́ра | Ви́ктор | А́нна Ива́новна | Ми́шка | Макс

9 О ком и́ли о чём? 10

а) Прочита́йте текст А ещё раз. Sucht weitere Substantive mit Präpositivendungen. Sie haben eine andere Präposition als **в** und **на**. Welche?

б) О ком и́ли о чём они́ ду́мают? (An wen oder woran ...)

Они́ ду́мают о .../Он/она́ ду́мает о ...

в) **О себе́** А вы? О ком и́ли о чём вы ду́маете?

10 Стихи́

S 39 Послу́шайте стихи́. Hört das Gedicht mehrmals an und lernt es auswendig.

Расскажи́ ты мне о шко́ле.
Расскажи́ мне о футбо́ле,
о музе́е, библиоте́ке,
о теа́тре, дискоте́ке.

Расскажи́ мне об Ири́не
и о Ни́не и о Зи́не,
о Ната́ше и о Ма́ше
и об А́не, Та́не, Са́ше.

Расскажи́ мне о тури́сте,
о конце́рте, гитари́сте.
Расскажи́ мне о кино́.
Э́то на сего́дня всё.

11 Зву́ки

S 40 **а)** Послу́шайте слова́. (... Wörter): **Лю́ба**, **журна́л**, **Ле́на**, **футбо́л**, **шко́ла**, **О́льга**, **класс**, **Никола́й**, **Ко́ля**. Achtet auf die **л**-Laute. Was stellt ihr fest?

б) Послу́шайте слова́ ещё раз и повтори́те.
Sagt nach jedem Wort, ob das **л** hart oder weich klingt.

Рефера́т о Ши́ллере

S 41 **1** Разгово́р по телефо́ну.

Тре́нер: Алло́!

Макси́м: Здра́вствуйте, Анто́н Серге́евич! Э́то Макси́м Кузнецо́в.

Тре́нер: Здра́вствуй, Макси́м!

Макси́м: Я ещё в шко́ле, а пото́м иду́ в библиоте́ку. Сего́дня ве́чером я пишу́ рефера́т.

Тре́нер: Зна́чит, ты сего́дня не идёшь на трениро́вку?

Макси́м: Нет.

Тре́нер: О́чень жаль. А в четве́рг?

Макси́м: В четве́рг, да.

Тре́нер: Ну, хорошо́. Пока́!

Макси́м: До свида́ния!

S 42 **2** Макси́м в библиоте́ке. Он смо́трит в окно́ и ду́мает о рефера́те. Идёт Ле́на.

Макси́м: Рефера́т на неме́цком языке́! И уже́ в четве́рг! Ой, Ле́на, э́то у́жас!

Ле́на: Ну, Макс, рефера́т – э́то не пробле́ма. Интерне́т всегда́ помога́ет!

Макси́м: Но до́ма компью́тер не рабо́тает! И литерату́ру я не люблю́!

Ле́на: Ты же зна́ешь, что моя́ сестра́ Та́ня – студе́нтка в Берли́не. Она́ хорошо́ зна́ет неме́цкий язы́к. Мо́жет быть, я … Мину́точку …

Ле́на пи́шет SMS: «Та́ня, SOS! В четве́рг рефера́т о Ши́ллере. На неме́цком!»

Ле́на: Ну вот, и всё норма́льно!

Макси́м: Су́пер! Спаси́бо, Ле́на. Ура́! Я сего́дня иду́ на трениро́вку!

S 43 **3** Среда́. Ле́на и Макси́м иду́т в класс.

Ле́на: Вот, пожа́луйста, рефера́т о Ши́ллере.

Макси́м: Ой, Ле́на, кла́ссно! Спаси́бо.

Ле́на: Э́то Та́ня молоде́ц!

Макси́м: Да, вот так мы реша́ем пробле́му!

1 К те́ксту

📄 11

Допо́лните предложе́ния. (... Sätze.) Спроси́те друг дру́га. (Fragt euch gegenseitig.)

★ Кто э́то говори́т: «Я ещё в шко́ле.» ★ Э́то говори́т Макси́м.

1. «Я ещё в ■.»
2. «Ты не идёшь на ■?»
3. «А пото́м я иду́ в ■.»
4. «О́чень жаль. А ■?»
5. «Рефера́т о ■ – э́то не пробле́ма.»
6. «Моя́ сестра́ в ■. О́на хорошо́ зна́ет ■.»
7. «Э́то Та́ня ■.»
8. «Так мы реша́ем ■.»

2 В четве́рг

Пя́тый уро́к. Сейча́с неме́цкий язы́к. Макси́м чита́ет рефера́т о Ши́ллере, ученики́ внима́тельно слу́шают. Пото́м А́нна Ива́новна говори́т: «Непло́хо, Макси́м, а сейча́с ...»
Wie könnte die Unterrichtsstunde weiter verlaufen sein?
Diskutiert eine mögliche Fortsetzung des Geschehens auf Deutsch.

3 По следа́м ...

§ 14 📄 12

а) Прочита́йте предложе́ния.
Fragt nach dem Akkusativobjekt.

Я пишу́ рефера́т.
И литерату́р**у** я не люблю́.
Так мы реша́ем пробле́м**у**.

б) Nach den Präpositionen **в** und **на** kann ebenfalls der Akkusativ stehen.
Schreibt die Tabelle ab und ergänzt das Geschlecht über den Spalten.

■	■	■
в класс	в библиоте́ку	в окно́
	на трениро́вку	

Куда́?

в) Sucht die Beispiele aus б) im Text und schreibt die Sätze ab. Findet heraus, auf welche Frage die Präpositionen und Substantive antworten.
Das russische Fragewort lautet куда́.

г) Welche Endung müsst ihr euch beim Akkusativ merken?

4 Ребя́та, что вы слу́шаете?

§ 14 📄 13

Допо́лните отве́ты. (... Antworten.)

фильм
газе́та
рефера́т
конце́рт
му́зыка
письмо́
кни́га
литерату́ра

1. ★ Ребя́та, что вы слу́шаете?
★ Мы слу́шаем ■.
2. ★ А́нна Ива́новна, что мы смо́трим?
★ Мы смо́трим ■ о Ши́ллере.
3. ★ И́ра, что ты пи́шешь?
★ Я пишу ■.
4. ★ А́нна Ива́новна, что вы лю́бите?
★ Я люблю́ ■.
5. ★ Ко́стя, что ты чита́ешь?
★ Я чита́ю ■.
6. ★ Макс, что ты у́чишь?
★ Я учу́ ■.

5 l.sokolova@mail.ru §9 14

а) Schreibt die Tabelle ab und ergänzt die fehlenden Verbformen mithilfe des Textes (S. 34).

б) Lenas Computer hat Probleme mit den Schriftzeichen. Könnt ihr die E-Mail, die sie an Ira geschickt hat, trotzdem entziffern?

	идти́
я	■
ты	■
он/она́	■
мы	идём
вы	идёте
они́	■

И́ра, приве́т!

Сего́дня ве́чером в шко́ле конце́рт. Я идღთზ, но не зна́ю, кто ещё идღყძ. Игра́ет гру́ппа «Мы». Мо́жет быть, Макс и Ви́тя идზრტ на конце́рт. А мы? Мы то́же идცჟპ? А пото́м мы идღყძ на дискоте́ку!?

Пока́. Ле́на

в) Welche Veranstaltung findet wann und wo statt? Wer nimmt daran teil?

г) Schreibt Iras Antwort an Lena.

6 Куда́ ты идёшь?

Denkt euch nach dem Muster Dialoge aus und spielt sie der Klasse vor.

Ле́на: Приве́т, Макс! Куда́ ты идёшь?
Макс: На трениро́вку. А ты?
Ле́на: Я иду́ в кино́. А ты зна́ешь, где Лю́ба?
Макс: Да, она́ в библиоте́ке. Она́ де́лает уро́ки. Ну, пока́!
Ле́на: Пока́!

7 Да и́ли нет? §15 15

S 44 а) Послу́шайте и повтори́те.

1. Макс, ты лю́бишь карат́э? Да, люблю́./ Нет, не люблю́.
2. Макс, ты лю́бишь карат́э? Да, карат́э./ Нет, не карат́э, а футбо́л.
3. Макс, ты лю́бишь карат́э? Да, я./ Нет, не я, а Ди́ма.

L 6 б) Слу́шайте внима́тельно. Э́то пра́вильно и́ли непра́вильно?

1. Да, люблю́.
2. Нет, не ве́чером, а днём.
3. Да, я.
4. Нет, не в шко́ле, а до́ма.

в) Notiert drei Entscheidungsfragen und unterstreicht, wonach ihr fragen wollt. Geht durch die Klasse und stellt euch gegenseitig eure Fragen. Haben eure Partner die Frage richtig beantwortet?

8 Нет, э́то не так!

Продо́лжите.

★ Ви́ктор пи́шет SMS-ку?
★ Нет, он пи́шет не SMS-ку, а e-mail.

1. Макс лю́бит литерату́ру?
2. Ле́на и Макс в коридо́ре говоря́т о футбо́ле?
3. Ребя́та у́чат на уро́ке информа́тику?
4. Макс ду́мает о конце́рте?

9 Так говоря́т – Что ты (не) лю́бишь?

! So könnt ihr ausdrücken, ob ihr etwas mögt oder nicht:

☺
– Я (о́чень) люблю́ …
– Осо́бенно я люблю́ …
– (Э́то) су́пер!
– (Э́то) кла́ссно!

☹
– Я не (о́чень) люблю́ …
– Я совсе́м не люблю́ …
– (Э́то) у́жас!

О себе́ Спроси́те друг дру́га (gegenseitig), что вы лю́бите. А что вы не лю́бите?

информа́тика | му́зыка | мо́да | кино́ | шко́ла | футбо́л | ?

10 Цепо́чка §16 16

Продо́лжите.

ученик 1: Пе́рвый, а пото́м второ́й.
учени́к 2: Пе́рвый, а пото́м второ́й, а пото́м тре́тий.
учени́к 3: Пе́рвый, а пото́м второ́й, а пото́м тре́тий, а пото́м …

11 Недéля § 17 17

а) Lest Mischkas Erklärungen zu den russischen Wochentagen. Schreibt die Wochentage in der richtigen Reihenfolge (Montag bis Sonntag) auf.

L 7 **б)** Hört die Wochentage und vergleicht die Reihenfolge mit euren Aufzeichnungen.
Verbessert sie, falls nötig. Hört die Wochentage ein zweites Mal und sprecht sie nach.

S 45 **в)** Когдá? Послýшайте CD и повторúте.

в‿понедéльник, во‿втóрник, в‿срéду,
в‿четвéрг, в‿пя́тницу, в‿суббóту, в‿воскресéнье

Es gibt nur einen Wochentag, bei dem die Präposition **в** stimmhaft ausgesprochen wird. Welchen?
Warum sagt man во вторник?

трéтий день – средá
шестóй день – суббóта
вторóй день – втóрник
седьмóй день – воскресéнье
пя́тый день – пя́тница
пéрвый день – понедéльник
четвёртый день – четвéрг

12 Что дéлает Лéна в понедéльник?

а) Что дéлает Лéна в понедéльник?
» В понедéльник онá игрáет на пианúно.
Во втóрник онá идёт …

б) Что говорúт Лéна о себé? » В понедéльник я …

в) **О себé** Расскажúте (Erzählt), что вы дéлаете в понедéльник, во втóрник …

Недéля	
ПН	пианино
ВТ	кино
СР	библиотека
ЧТ	концерт
ПТ	пианино
СБ	дискотека
ВС	дома

13 Стратéгия – Hörverstehen

! Wenn ihr einen russischen Text hört, ist es am Anfang völlig normal, dass ihr nicht sofort alles versteht. Vieles erschließt sich erst beim zweiten (oder dritten) Hören.
- Versucht beim **ersten Hören** nur herauszufinden, wer spricht und wo bzw. in welcher Situation sich die Personen befinden.
Achtet dabei auf Hintergrundgeräusche und bekannte Wörter.
- Konzentriert euch erst beim **zweiten** und **dritten** Hören auf Einzelheiten: Worüber sprechen die Personen? Macht euch beim Hören kurze **Notizen**.

Erstes Hören: Wer spricht? Wann? Wo?
Zweites / drittes Hören: Worüber wird gesprochen?

Разговóр по телефóну 18

L 8 **а)** Послýшайте диалóг.
Fasst in einem deutschen Satz zusammen, wer spricht, wann und wo.

б) Послýшайте диалóг ещё раз.
Erklärt jemandem, der das Telefonat nicht gehört hat, Folgendes auf Deutsch:

1. Wer ruft Lena an?
2. Welches Problem hat er?
3. Wie viele Stunden hat er an diesem Wochentag?
4. Welche Fächer hat er am Freitag?
5. An welchem Tag haben die Schüler Russisch?

Расписа́ние[1]

	ПН	ВТ	СР	ЧТ	ПТ	СБ
1	А́лгебра[2]	Литерату́ра	Биоло́гия	Биоло́гия	Хи́мия	Ру́сский язы́к
2	Ру́сский язы́к	Литерату́ра	Геоме́трия	Ру́сский язы́к	Францу́зский язы́к	А́лгебра
3	Исто́рия	Англи́йский язы́к	Англи́йский язы́к	Францу́зский язы́к	А́лгебра	Литерату́ра
4	Фи́зика	Геоме́трия[3]	Фи́зика	Литерату́ра	Геогра́фия	Исто́рия
5	Хи́мия	Неме́цкий язы́к	Му́зыка	Физкульту́ра	Неме́цкий язы́к	Информа́тика
6	Англи́йский язы́к	А́лгебра		Физкульту́ра		Информа́тика

а) Seht euch den Stundenplan an und sucht die Wörter für die Fächer: Englisch, Russisch, Französisch, Physik, Chemie, Biologie, Geschichte, Sport.

б) Пе́рвый уро́к в понеде́льник – а́лгебра. Второ́й уро́к – … Продо́лжите.

в) Когда́ литерату́ра? ★ Литерату́ра во вто́рник и в суббо́ту. ★ Когда́ …?

✻ **г)** **О себе** Gestaltet euren eigenen Stundenplan in russischer Sprache für eure Partnerschule. Stellt ihn einer Austauschschülerin vor.

д) Sucht im Internet auf der Homepage einer russischen Schule den Stundenplan eurer Klassenstufe. Vergleicht ihn mit eurem Stundenplan.

Дневни́к[4]

Vergleicht Iras Hausaufgabenheft mit eurem. Was ist anders?

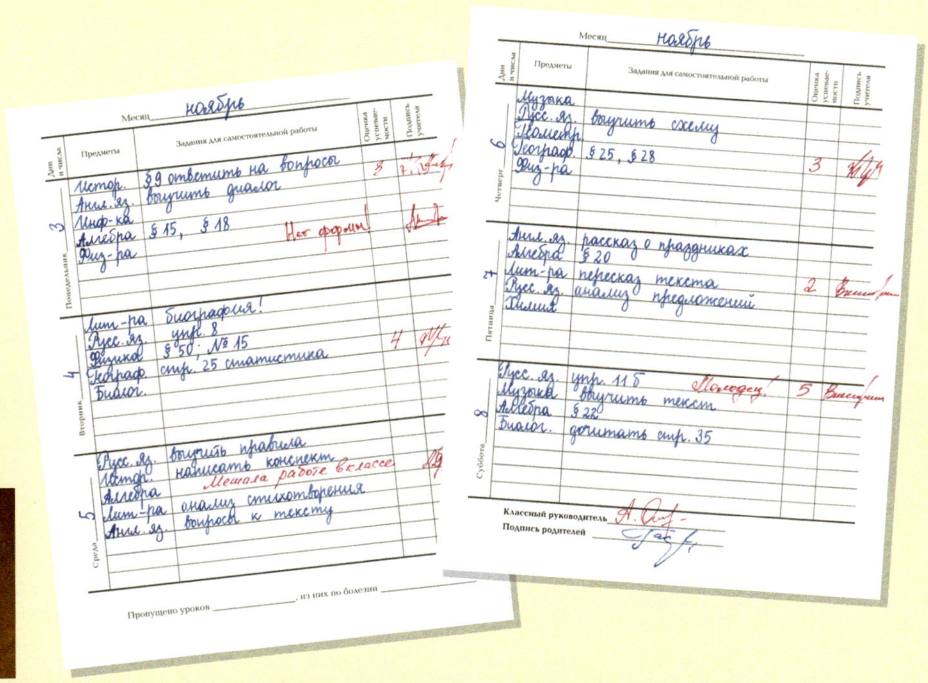

Про́пуск[5]

Was erfahrt ihr über diese Person?

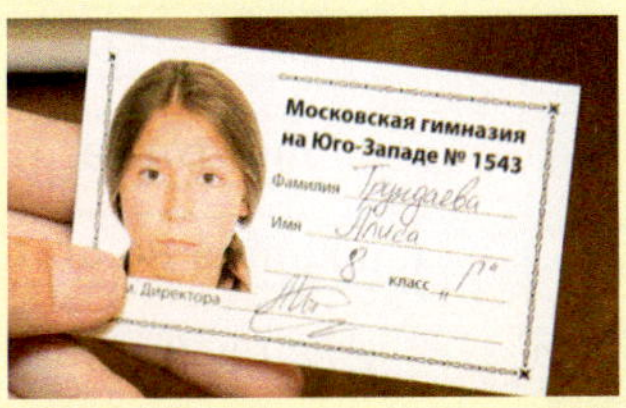

✻ Ihr habt viel über die russische Schule gelernt. Gestaltet ein Plakat, auf dem ihr die wichtigsten Unterschiede zur deutschen Schule aufzeigt. Legt es im Dossierteil des Portfolio-Ordners ab.

---

1 расписа́ние Stundenplan – **2 а́лгебра** Algebra *(Teilgebiet der Mathematik)* – **3 геоме́трия** Geometrie *(Teilgebiet der Mathematik)* – **4 дневни́к** Hausaufgabenheft – **5 про́пуск** Schülerausweis

Подгото́вка к ТРКИ

Fremdsprachenzertifikate gewinnen immer mehr an Bedeutung. Sie bieten gute Chancen für Schule und Studium und öffnen Türen in der Berufswelt. Das TRKI (Тесты по ру́сскому языку́ как иностра́нному) ist ein international anerkanntes Russischzertifikat. Auf den Seiten 40/41 und 90/91 könnt ihr euch gezielt auf die TRKI-Prüfungen vorbereiten.

1 Вы уже хорошо знаете русский язык? ▸ лексика / грамматика

а) Выберите правильный вариант (Wählt die richtige Variante aus) и дополните предложения. Schreibt sie in euer Heft.

б) Lest die Sätze abwechselnd eurer Partnerin/eurem Partner vor und begründet eure Entscheidung.

1. Ребята ■ на компьютере. (играем, играет, играют)
2. Ученик ■ в классе. (сидят, сидишь, сидит)
3. Моя сестра – ■. (учительница, учитель)
4. Вы сейчас идёте в ■? (школе, школа, школу)
5. Мы часто думаем о ■. (сестру, сестре, сестра)
6. Я очень ■ музыку. (любит, любим, люблю)
7. Макс уже в ■. (библиотека, библиотеке)

L 9 2 Где они разговаривают? (... unterhalten sie sich?) ▸ аудирование

Послушайте диалоги и скажите, где они разговаривают.

1. Они разговаривают ...	2. Они разговаривают ...	3. Они разговаривают ...
– на дискотеке.	– в музее.	– дома.
– в кафе.	– на уроке.	– в библиотеке.
– в кино.	– на концерте.	– в кабинете информатики.

L 10 3 Разговор по телефону ▸ аудирование

Hört euch den Text zweimal hintereinander an und findet die richtigen Satzanschlüsse.

1. Люба	в школе.	дома.	на стадионе.
2. Лена говорит	о дискотеке.	о фильме.	о концерте.
3. В субботу в школе тоже	концерт.	футбол.	дискотека.
4. Люба идёт	только на стадион.	только в школу.	в школу и на стадион.
5. Лена звонит (... ruft an)	в среду.	в четверг.	в пятницу.
6. Тест о Шиллере	во вторник.	в среду.	в четверг.

4 Как дела? ▸ чтение

Продолжите диалоги.

а) – Здравствуй, Надя! Как дела?

Да, жаль. | Так себе. | Хорошо, давай.

б) – Оля ещё ученица?

Да, она работает. | Да, она студентка. | Нет, она уже работает.

в) – Меня зовут Рита.

Очень приятно. | Вот, пожалуйста. | Ну ладно, пока!

г) – Мне уже пора!

До свидания! До завтра! | Добрый день! Как дела? | Привет, нормально.

5 На стадион? ▸ письмо

Schreibt eurem Freund eine E-Mail. Fragt, ob er am Mittwoch mit zum Fußball ins Stadion kommt. Nutzt dafür die Übung 5 auf Seite 36.

6 Ситуации ▸ говорение

Beantwortet abwechselnd die Fragen. Denkt daran, vollständige Sätze zu verwenden. «Да» und «нет» reichen als Antworten nicht aus.

1. Как тебя зовут?
2. А музей далеко?
3. Как дела?
4. Что ты читаешь?
5. Что ты делаешь на уроке?
6. Ты часто слушаешь музыку?
7. Куда ты идёшь в пятницу?
8. Ты часто работаешь на компьютере?
9. Ты играешь на пианино?
10. Что ты учишь в школе?
11. Ты знаешь, где здесь библиотека?
12. Ты любишь английский язык?

7 Диалог ▸ говорение

Erfindet zu der folgenden Situation einen Dialog. Achtet dabei besonders auf die Gesprächseröffnung. Schreibt den Dialog auf und spielt ihn der Klasse vor.

Du telefonierst mit deiner Freundin. Sie schlägt vor, heute Abend ins Kino zu gehen. Du sagst, dass du den Film schon kennst. Du willst lieber am Abend in die Schuldisko gehen. Einigt euch.

Семья́ Ири́ны

L 11 **а)** Послу́шайте диало́ги. Ordnet sie den Fotos zu. § 18 1
Диало́г 1 – э́то фо́то …

б) Vergleicht die Namen der Familie Lukin mit den deutschen Namen. Was fällt euch auf?
Welche Vornamen haben die Großväter der beiden Schwestern? Wie lauten die offiziellen Namen der Mädchen?
Ири́на … Лукина́, Ве́ра …

Tipp: Seht euch den zweiten Namen von ма́ма und па́па an. Das ist der „Vatersname“.

S 49

Ох, как тру́дно!

Ира: Ох, как мно́го! Ох, как тру́дно!
Макси́м: Ничего́, И́ра, я же здесь. Так, у тебя́ всё есть? Где твоё зада́ние? Где твой уче́бник?
Ира: Здесь, в рюкзаке́. Вот моя́ па́пка … Мину́точку! Где же мой уче́бник? … Ах, вот и он!
Макси́м: И́ра, а где твой каранда́ш и твоя́ лине́йка?
Ира: Они́ в пена́ле. Вот и ру́чка, и да́же ци́ркуль есть!
Макси́м: А ма́ркер у тебя́ есть?
Ира: Ой, Макс, не зна́ю где он …
Макси́м: Ну, ничего́. У меня́ есть ма́ркер. Вот, пожа́луйста.
Ира: Спаси́бо, Макс.
Макси́м: Прекра́сно! Тепе́рь всё есть. Дава́й де́лать уро́ки.
Ира: Ну, дава́й.

1 По следа́м … § 19

а) Sucht die passenden Possessivpronomen im Text und tragt sie in die Tabelle ein.
б) Wie lauten die drei Possessivpronomen der 1. und 2. Person Singular im Russischen?
в) Vergleicht die Pronomen mit den deutschen Possessivpronomen. Was stellt ihr fest?

	maskulin	neutral	feminin
я	■ уче́бник	моё письмо́	■ па́пка
ты	■ каранда́ш	■ зада́ние	■ лине́йка

Achtung: Э́то **мой** па́п**а**!

2 Э́то твой рюкза́к? 2

а) Sagt, dass die Schulsachen, die ihr auf dieser Seite seht, euch gehören. ➤ Э́то мой пена́л.
б) Fragt euren Nachbarn, ob diese Dinge ihm gehören.

3 По следа́м … § 20

Im Russischen sagt man für „ich habe" „у меня́ есть"(bei mir gibt es). Schreibt die zwei Sätze ab und übersetzt sie ins Deutsche. Unterstreicht das Subjekt in beiden Sprachen.
Tipp: Übersetzt die russischen Sätze Wort für Wort. Was stellt ihr fest?

У тебя́ есть ру́чка?

Да, у меня́ есть ру́чка.

4 У меня́ в рюкзаке́ есть … 3

а) Что говори́т И́ра? ➤ У меня́ в рюкзаке́ есть …
б) **О себе́** А что у вас есть в рюкзаке́?

У Ири́ны пробле́мы

Пе́ред чте́нием.
Schaut die Bilder an und überlegt, welche Probleme Ira haben könnte.

S 50 **1**

Па́па: Мари́на, я сижу́ в маши́не. Опя́ть про́бка! Я опа́здываю.
Ма́ма: Всё я́сно. Я звоню́ И́ре.

S 51, 52 **2**

Ма́ма: И́ра, приве́т, ты до́ма? Как хорошо́! Что ты де́лаешь?
И́ра: Здесь Макси́м и мы вме́сте де́лаем уро́ки.
Ма́ма: Замеча́тельно. И́ра, па́па стои́т в про́бке, Ве́рочка ещё в са́дике, а у неё сего́дня бале́т …
И́ра: Но ма́ма, сего́дня же откры́тие бути́ка!
Ма́ма: Ири́на!
И́ра: Но ма́ма, там Мари́я Шара́пова и пока́з диза́йнера Орло́ва!
Ма́ма: Ну и что, к диза́йнеру не идёшь.
И́ра: Так не че́стно!

3

Макси́м: И́ра? У тебя́ пробле́ма?
И́ра: Да. Вот всегда́ так. Па́па стои́т в про́бке, ма́ма рабо́тает, а я опя́ть ня́ня для Ве́рочки. А сего́дня откры́тие бути́ка! Я так люблю́ мо́ду!
Макси́м: И́ра, ну, ничего́! Сего́дня у меня́ есть вре́мя.
И́ра: Но Ве́рочка ещё в са́дике.
Макси́м: Так, всё. Мы идём в са́дик и забира́ем Ве́рочку. Я иду́ домо́й, а ты в бути́к.
И́ра: Ой! Макс, спаси́бо! Ты настоя́щий друг!
Макси́м: Да, зна́ю. Я всегда́ помога́ю подру́ге И́ре.

1 Э́то пра́вильно?

Испра́вьте оши́бки. (Korrigiert die Fehler.)

1. Макси́м в про́бке? – Нет, …
2. Па́па звони́т И́ре?
3. Макси́м и Ве́рочка де́лают уро́ки?
4. И́ра ещё в са́дике?
5. Па́па лю́бит мо́ду?
6. Макси́м сиди́т в маши́не?

2 К те́ксту 4

а) Соста́вьте предложе́ния.

1. | уро́ки | помога́ет | Макс | де́лать | И́ре
2. | звони́т | Ири́не | ма́ма
3. | сосе́дки | реша́ет | Макс | пробле́му
4. | И́ра | до́ма | и | Макс
5. | стои́т | па́па | про́бке | в

б) Bringt die Sätze in die richtige Reihenfolge und sagt, wie Max Iras Problem löst.

3 По следа́м … § 21

а) Ihr kennt bereits den Akkusativ und den Präpositiv. Jetzt geht es um den 3. Fall, den Dativ. Notiert aus dem Text S. 44 zwei Verben und eine Präposition, die im Russischen den Dativ verlangen. Sie fehlen in diesen Sätzen:

Я всегда́ ■ подру́г**е** И́р**е**.

■ дизайнер**у** не идёшь!

Я ■ Ири́н**е**.

б) Schreibt die Tabelle mit den Dativformen ab. Ergänzt das Genus. Sucht den Nominativ des Wortes in der Wortliste im Anhang. Überlegt, welche Substantive noch mit den Verben звони́ть, помога́ть oder идти́ (к) stehen können. Schreibt sie in die Tabelle.

■	■
дизайнер**у**	подру́г**е**
дру́г**у**	ня́н**е**
■	■

4 Кто кому́ звони́т и помога́ет?

а) Допо́лните предложе́ния.

1. Макс звони́т тре́нер■. Тре́нер помога́ет Ма́кс■.
2. Ле́на звони́т сестр■ Та́н■. Та́ня помога́ет Ле́н■.
3. Мари́на Бори́совна звони́т Ири́н■.
4. Учени́к звони́т учи́тельниц■.
5. Друг звони́т однокла́ссниц■.
6. Анто́н Серге́евич звони́т сосе́дк■.
7. О́льга пи́шет подру́г■ письмо́.
8. Са́ша идёт к однокла́ссник■.
9. Ребя́та иду́т к Па́ш■.
10. Мы пи́шем SMS ма́м■.

б) Schreibt möglichst viele Fragen mit den Verben звони́ть, помога́ть, писа́ть und идти́ (к) auf. Спроси́те друг дру́га и отве́тьте на вопро́сы.

Кому́ ты …?

К кому́ ты …?

5 Я звоню́ …

а) Bildet zwei oder drei Gruppen. Sammelt gemeinsam so viele Wörter, wie ihr Personen seid. Diese Wörter können russische Vornamen, Berufe oder Familienmitglieder sein. Einer listet diese Namen auf einem Zettel auf. Ein anderer schreibt sie einzeln auf Kärtchen. Jeder von euch zieht ein Kärtchen, dann sucht sich der erste von euch einen Namen aus der Liste aus und sagt, wen er anruft. Der Schüler, der das Kärtchen mit dem Namen gezogen hat, meldet sich und telefoniert mit dem nächsten …

★ Я звоню́ Ири́не.
★ Алло́? … Да, я Ири́на. … Я звоню́ …

Ирина
папа
друг

Ирина | папа | друг

б) Macht anschließend dasselbe Spiel mit dem Verb писа́ть.

★ Я пишу́ Ири́не … ★ Спаси́бо. Я пишу́ …

6 По следа́м … § 22

а) Es geht weiter mit dem 2. Fall, dem Genitiv.
Wie fragt ihr nach dem Genitiv?
Schaut euch die Endungen der unterstrichenen Wörter an.
Schreibt die Sätze ab und bestimmt das Genus der Substantive.

б) Der Genitiv kann mit oder ohne Präposition stehen.
Sucht im Text zwei Präpositionen mit Substantiven im Genitiv.

Э́то маши́на па́пы.
Сего́дня откры́тие бути́ка.
Э́то рюкза́к Ве́рочки.
Там пока́з диза́йнера.

7 Рюкза́к Ири́ны 5, 6

Скажи́те (Sagt), что э́то.
Fügt hinzu, wem welcher Gegenstand gehören könnte.
Э́то рюкза́к Ири́ны.

сосе́дка | тури́ст | А́нна Ива́новна | Макс | Ле́на | И́ра | сестра́ | однокла́ссница | учи́тельница | друг | Ми́шка | Ви́ктор

8 Цепо́чка

Arbeitet in Gruppen. Schüler 1 sagt, was er besitzt.
Schüler 2 wiederholt, was gesagt wurde, und fügt hinzu, was er selbst besitzt usw.
Die Gruppe, die ohne Fehler durchkommt, hat gewonnen.

Nina: У меня́ до́ма есть соба́ка.
Jakob: У Ни́ны до́ма есть соба́ка, а у меня́ до́ма есть ко́шка.
Tobias: У Ни́ны до́ма есть соба́ка, у Я́коба до́ма есть ко́шка, а у меня́ …

9 И́ра и Ви́ка в бути́ке «Систе́ма С»

а) Прочита́йте и допо́лните.

И́ра чита́ет газе́ту. Ой, рекла́ма бути́к■ «Систе́ма С»! Как интере́сно!
И́ра пи́шет Ви́к■ SMS: «Ви́ка, идём на откры́тие бути́к■?» И вот они́ иду́т.
Они́ чита́ют: «Систе́м■ С». В бути́ке кла́ссно.
У диза́йнер■ су́пер колле́кция. Студе́нтки помога́ют диза́йнер■. Но вот звоно́к.
Э́то звони́т диза́йнер■ моде́ль. «Пётр Никола́евич, извини́те, я стою́ в про́бке, …».
У диза́йнер■ пробле́ма. Он идёт к Ви́к■ …

б) Wie könnte die Geschichte weitergehen?

10 Страте́гия – Sprechen

! Wenn ihr eine Sprache lernt, kommt es darauf an, dass ihr sie möglichst oft sprecht, am besten zu zweit oder zu dritt.

- Lest den Dialog (entweder aus dem Lehrbuch oder einen selbst geschriebenen Dialog) mit verteilten Rollen.
- Sprecht dabei laut und deutlich. Denkt an Sprechpausen.
- Überlegt, welche Mimik und Gestik zur Situation und zu den Personen passen (Freude, Frust, Wut, Trauer …).
  Tipp: Fertigt euch ein Kärtchen mit Stichwörtern und kleinen Skizzen an.
- Spielt die Szene vor.

О себе́ Probiert diese Methode an Szene 3 von Text A aus. Verteilt die Rollen. Notiert euch pro Rolle auf einem Kärtchen acht Stichwörter. Ergänzt diese mit Skizzen zum Inhalt. Verwendet die Kärtchen, wenn ihr den Dialog einübt. Führt ihn anschließend in der Klasse vor.

У тебя́ то́лько мо́да в голове́!

S 53 **1**

Па́па: Мари́на, а где де́ти?

Ма́ма: Не зна́ю, мо́жет быть, ещё на бале́те?

Па́па: Им пора́ уже́ у́жинать. Вот, наве́рное, и они́ … Макси́м, здра́вствуй! Ве́рочка? А где Ири́на? Вы ра́зве не вме́сте?

Макси́м: Ири́на и её подру́га Ви́ка, наве́рное, ещё в бути́ке.

Па́па: Ах, Ири́на-Ири́на, у неё то́лько мо́да в голове́!

Макси́м: Нет, у неё сейча́с ещё и матема́тика в голове́! Я же ей помога́ю.

Па́па: Дава́й, друг, у́жинать.

Макси́м: Нет-нет, спаси́бо.

Па́па: Дава́й-дава́й, к столу́!

S 54 **2**

Ма́ма: У нас сего́дня на у́жин борщ и пельме́ни. Вот смета́на.

Макси́м: А майоне́з у вас есть?

Ма́ма: Нет, майоне́за у нас, к сожале́нию, нет.

Ве́рочка: Ма́ма, а где шокола́дка?

Ма́ма: У меня́ нет шокола́дки, Ве́рочка. Вот не шокола́дка, а йо́гурт.

Все: Прия́тного аппети́та!

S 55 **3**

Ма́ма: И́ра, ты зна́ешь, кото́рый сейча́с час?

И́ра: Ой, уже́ 10 часо́в. Ма́ма, извини́ меня́, пожа́луйста, но Ви́ка и я, мы о́чень лю́бим мо́ду.

Па́па: Ты зна́ешь, ско́лько лет Ви́ке? Ей 16 лет. А тебе́? О шко́ле ты совсе́м не ду́маешь!

И́ра: Но ведь Макси́м уже́ помога́ет мне!

Ма́ма: Э́то, коне́чно, хорошо́. Но ведь э́то то́лько матема́тика! А как же неме́цкий язы́к?

И́ра: У меня́ уже́ есть иде́я! Э́то Ви́ктор На́уман. Он прекра́сно говори́т по-неме́цки. За́втра я звоню́ ему́.

1 К тéксту 7

Что непрáвильно? Испрáвьте оши́бки.

1. Ири́на и Вéрочка дóма.
2. Ири́на дýмает тóлько о мóде.
3. Макси́м ýжинает сегóдня дóма.
4. Макси́м óчень лю́бит сметáну.
5. Для Вéрочки на ýжин шоколáдки.
6. Ири́на óчень лю́бит матемáтику и немéцкий язы́к.
7. Ви́тя óчень хорошó знáет немéцкий язы́к.

2 По следáм … §§ 23, 24

а) Прочитáйте текст Б. Schreibt alle Sätze mit der Präposition **у** und den Pronomen heraus. Ergänzt dann die Tabellen im Heft.

б) Schaut euch die Sätze an und ordnet sie danach, ob die Personen etwas haben oder nicht haben. Markiert und vergleicht die Endungen der Substantive bei „haben" und „nicht haben". Worin besteht der Unterschied?

я	■
ты	■
он	у негó
онá	■

мы	■
вы	■
они́	у них

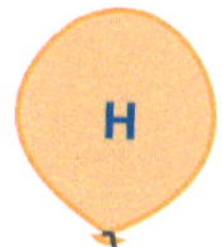

3 У меня́ есть …, но у меня́ нет … 8, 9

Würfelt abwechselnd eine Zahl von 1 bis 6 und sagt, was ihr habt und was ihr nicht habt.

	1	2	3	4	5	6
есть	кни́га	собáка	я́блоко	рýчка	рюкзáк	кóшка
нет	маши́на	карандáш	письмó	газéта	самовáр	пиани́но

4 У нас и у вас в шкóле …

Ihr habt in Урок 3 viel über die russische Schule gelernt und ein Plakat über die Unterschiede zur deutschen Schule gestaltet. Jetzt könnt ihr darüber auf Russisch sprechen. Bildet zwei Gruppen: Gruppe 1 vertritt die russische Schule, Gruppe 2 die deutsche Schule. Tauscht euch über die Besonderheiten beider Schulen aus.

★ У нас в шкóле есть гардерóб. А у вас в шкóле тóже есть гардерóб?
★ Нет, у нас в шкóле нет гардерóба. Но у нас есть буфéт, а у вас?

Nach Präpositionen wird vor die deklinierten Formen von **он/онó**, **онá** und **они́** in der Regel ein **н-** eingefügt, z. B **у негó**, **у неё**, **у них**.

5 По следáм … § 24

Im Text 4Б findet ihr zu den Verben помогáть und звони́ть drei Pronomen. Sucht sie heraus und ergänzt die Tabellen. In welchem Kasus stehen die Pronomen?

я	■
ты	тебé
он	■
онá	■

мы	нам
вы	вам
они́	им

6 Как пра́вильно? 10

Продо́лжите предло́жения.

1. Ви́ктор стои́т в интерне́т-кафе́. Ири́на идёт …
2. Макси́м и Ири́на сидя́т у компью́тера. Он помога́ет …
3. Ча́рли – э́то соба́ка Ири́ны и Ве́рочки. Они́ о́чень лю́бят …
4. У́тром А́ня звони́т Све́те. Ве́чером она́ опя́ть звони́т …
5. Э́то кни́га для дру́га? – Нет, не …

а) для него́.
б) его́.
в) ей.
г) к нему́.
д) ей.

7 Он и́ли она́?

Welche Formen von **он** und **она́** fehlen?

1. Э́то Ви́ктор. У ■ есть моби́льник.
2. А э́то Ири́на. Сего́дня у ■ нет моби́льника.
3. Ве́рочка в са́дике. К ■ иду́т Ири́на и Макси́м.
4. Макси́м друг И́ры. Он помога́ет ■ де́лать уро́ки.
5. Ири́на лю́бит Ве́рочку. Ма́ма и па́па то́же лю́бят ■ .

8 Ученики́ сего́дня

а) Те́ма «Ученики́ сего́дня». Прочита́йте чат. (… Chatbeitrag.)

> Ученики́ сего́дня. В голове́ у них то́лько компью́теры и моби́льники.
> Компью́теры реша́ют для них зада́ния, Интерне́т им всегда́ помога́ет.
> А как э́то у вас? Компью́теры для вас пи́шут рефера́ты? И́ли вы пи́шете на них те́ксты?
> А однокла́ссники? К ним вы ещё хо́дите и́ли вы им то́лько звони́те и пи́шете SMS?
> А сестра́ и брат? А ма́ма и па́па? У вас есть ещё вре́мя помога́ть им?
> О́льга Фили́пповна Булато́ва (учи́тельница шко́лы № 7, г. Сама́ра)

б) Отве́тьте на чат. Antwortet in der 1. Person Plural (wir).

У нас в голове́ не то́лько компью́теры и моби́льники. …

9 Ци́фры § 25

L 12 **а)** Послу́шайте и повтори́те.

L 13 **б)** Welche Ziffern hört ihr? Welche wurden ausgelassen?

	а	б	в
1.	17	13	15
2.	11	12	10
3.	18	19	14
4.	20	30	50

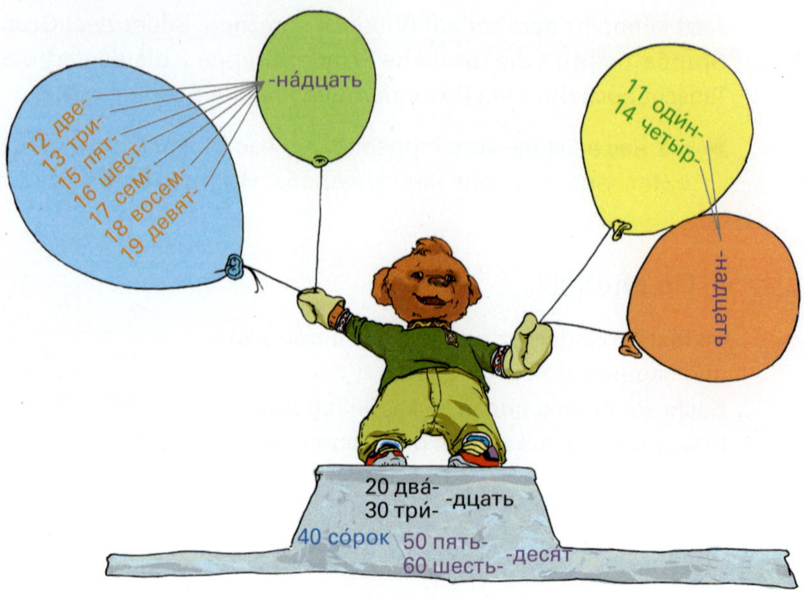

10 Игра́

Дава́йте игра́ть в би́нго. Zeichnet eine Bingotabelle mit 9 Zahlen zwischen 1 und 60 in euer Heft. Bildet Gruppen von 4 bis 6 Spielern und bestimmt einen Spielleiter. Er nennt beliebige Zahlen von 1 bis 60. Die anderen kreuzen an, sobald sie eine Zahl richtig haben. Wer 3 Zahlen in einer Reihe angekreuzt hat, ruft „Би́нго!", liest seine Zahlen vor und ist der nächste Spielleiter.

11 Ско́лько лет …? § 26, 27 11

L 14 **а)** Перепиши́те табли́цу. (Schreibt die Tabelle ab.) Послу́шайте текст. Отве́тьте на вопро́сы.

Меня́ зову́т Ири́на Лукина́. Мне ■. Моя́ семья́ – э́то па́па, ма́ма, сестра́ Ве́рочка, я и соба́ка Ча́рли. Па́па – Влади́мир Анто́нович Луки́н. Ему́ ■. Ма́ма – Мари́на Бори́совна Лукина́. Ей ■. Ве́рочке ■. А Ча́рли то́лько ■.

Ско́лько лет …	
Ири́не?	
па́пе?	
ма́ме?	
Ве́рочке?	
Ча́рли?	

один **год**
два, три, четы́ре **го́да**
пять, …, два́дцать **лет**

б) Прочита́йте текст. Wie werden Altersangaben ausgedrückt?

в) Fragt euch gegenseitig nach dem Alter der Familienmitglieder. Notiert die Altersangaben. Sucht dann ein anderes Paar und stellt mithilfe der Notizen die Familie des Partners vor. Ihr könnt auch eine Familie erfinden.

» У Тобиа́са есть па́па, брат … Па́пе 38 лет. Бра́ту …

12 Так говоря́т – Кото́рый час? § 28

! **So fragst du nach der Uhrzeit:**
– Кото́рый (сейча́с) час?

Und so antwortest du darauf:
– Сейча́с два часа́.
– Сейча́с 14:02 (14 часо́в две мину́ты).

So fragst du, wann jemand etwas macht:
– Когда́ ты идёшь в кино́?

Und so antwortest du darauf:
– Я иду́ в кино́ в 4 часа́.

а) Скажи́те, кото́рый сейча́с час?
11:25 17:02 21:12 08:31 22:52 15:50

б) Schreibt weitere Uhrzeiten auf und fragt euch gegenseitig, wie viel Uhr es ist.

1	(оди́н) час?/(одна́) мину́та
2, 3, 4	часа́/мину́ты/две мину́ты
5–20	часо́в/мину́т

13 День Ири́ны
12, 13

а) Прочита́йте.

Я встаю́ обы́чно в 6 часо́в 30 мину́т, за́втракаю и иду́ в шко́лу. Мой пе́рвый уро́к в 8 часо́в 30 мину́т. В шко́ле у меня́, как пра́вило, пять уро́ков. Я обе́даю в час дня. По́сле шко́лы, в 2 часа́, я обы́чно уже́ до́ма. В 3 часа́ я де́лаю уро́ки. В 6 часо́в ве́чера роди́тели то́же уже́ до́ма и мы вме́сте у́жинаем. В понеде́льник и в сре́ду в 4 часа́ у меня́ ба́льные та́нцы. Ве́чером я гуля́ю с Ча́рли. В 10 часо́в я иду́ спать: у́тром ра́но встава́ть!

б) Расскажи́те, что Ири́на де́лает? Когда́ она́ э́то де́лает?

7:15 за́втрак – за́втракать
13:00 обе́д – обе́дать
18:30 у́жин – у́жинать

14 По-ру́сски

Du unterhältst dich mit einem russischen Austauschschüler.
Ihr möchtet von einander wissen,

- wann ihr aufsteht.
- wann ihr frühstückt.
- wann bei euch der Unterricht beginnt.
- wann ihr mittags esst.
- wann ihr von der Schule nach Hause kommt.
- wann ihr zu Abend esst.

Formuliert die Fragen und Antworten auf Russisch.

15 Так говоря́т – О себе́

!

Mein Name und Alter:
- Меня́ зову́т …
- Мне … лет.

Meine Schule:
- Я учени́к/учени́ца шко́лы …
- Я учу́ … язы́к и … язы́к.

Was ich (nicht) gerne mag:
- Я (о́чень) люблю́ …
- *Му́зыку* я то́же люблю́.
- Осо́бенно люблю́ *те́хно*.
- Но я не (о́чень) люблю́ …
- Я совсе́м не люблю́ …

Meine Familie:
- Моя́ семья́ – э́то …
- Бра́ту/Сестре́ … год/го́да/лет.
- Его́/Её зову́т …
- Па́пе … год/го́да/лет. Его́ зову́т …
- Ма́ме … год/го́да/лет. Её зову́т …
- Он/Она́ *такси́ст, студе́нтка*.

Mein Tagesablauf:
- У́тром …
- В … час/часа́/часо́в …
- По́сле обе́да …
- Ве́чером …

Meine Haustiere:
- У меня́ есть *соба́ка, ко́шка, кро́лик* …
- Её/Его́ зову́т …
- Ей/Ему́ … год/го́да/лет.

Meine Freunde:
- У меня́ есть друг/подру́га.
- Её/Его́ зову́т …
- Он/Она́ лю́бит …

Meine Telefonnummern:
- Мой но́мер телефо́на …
- А но́мер моби́льника …

Meine E-Mail-Adresse:
Мой e-mail: olya.mironova@mail.ru

Tipp: @ = соба́ка!

О себе́ Ihr seid in einer russischen Schule zu Besuch und jeder hat zwei Minuten Zeit sich vorzustellen. Notiert euch das, was ihr über euch sagen wollt, auf Kärtchen. Übt die Kurzpräsentation in der Gruppe.

Мари́я Шара́пова

БИОГРАФИЯ | ГАЛЕРЕЯ | РЕЗУЛЬТАТЫ | СТАТЬИ | ГОСТЕВАЯ | ФОРУМ

Ме́сто рожде́ния:
Няга́нь, Тюме́нская о́бласть

Мари́я – изве́стная росси́йская тенни́систка. Сейча́с она́ живёт[1] и рабо́тает в США[2]. Она́ о́чень лю́бит спорт, а ещё она́ лю́бит мо́ду.
Мари́я – посо́л до́брой во́ли[3] ПРООН[4]. Её рабо́та – э́то прое́кты по пробле́мам Черно́быльской катастро́фы[5].
Она́ помога́ет де́тям. Э́ти де́ти боле́ют[6] и у них нет перспекти́в. Э́то о́чень ва́жная[7] пробле́ма для Мари́и и её семьи́, потому́ что[8] ро́дина[9] роди́телей Мари́и – э́то го́род Го́мель[10] (недалеко́ от Черно́быля!). А ба́бушка Мари́и всё ещё живёт там.

а) Прочита́йте текст и отве́тьте на вопро́сы. Ihr braucht nicht jedes Wort zu verstehen.
1. Кто така́я Мари́я Шара́пова?
2. Что лю́бит Мари́я?
3. Где ро́дина Мари́и?

б) Besucht die Internetseite von Мари́я Шара́пова und sucht weitere Informationen über sie heraus. Bereitet damit eine Präsentation über Мари́я Шара́пова vor: Презента́ция о Мари́и Шара́повой – на не́мецком языке́ и на ру́сском языке́.

---

1 живёт sie lebt – **2 США** USA – **3 посо́л до́брой во́ли** Botschafterin des guten Willens – **4 ПРООН-UNDP (United Nations Development Programme** Entwicklungsprogramm der Vereinten Nationen) – **5 пробле́мы Черно́быльской катастро́фы** Probleme der Katastrophe von Tschernobyl – **6 боле́ют** (sie) sind krank – **7 ва́жная** wichtige – **8 потому́ что** weil – **9 ро́дина** Heimat – **10 Го́мель** Stadt in der Ukraine

Мы играем

1. Nenne das russische Wort, mit dem man nur Freunde begrüßt.

2. Schau das Foto an und nenne 3 Dinge auf Russisch, die du hier bekommen kannst.

3. Frage einen Mitspieler, wie er heißt. Er antwortet.

13. Du rufst einen russischen Freund in Russland an. Wie meldet er sich am Telefon?

14. Welche deutsche Nachspeise wird in Russland als Getränk angeboten?

15. Frage einen Mitspieler, wann er gewöhnlich aufsteht. Er antwortet.

16. Nenne je einen russischen Mädchen- und Jungenvornamen sowie die passende Kurzform dazu.

17. Nenne die russische Bezeichnung für das Gebirge, das Europa und Asien trennt.

Spielanleitung

Ihr braucht Spielsteine und einen Würfel. Die Anzahl der Spieler sollte zwischen drei und fünf liegen. Es wird der Reihe nach gewürfelt. Jeder Spieler rückt so viele Felder vor, wie er Punkte gewürfelt hat. Die einzelnen Felder enthalten Aufgaben, die gelöst werden müssen. Wird eine Aufgabe nicht richtig gelöst, muss der Spieler ein Feld zurückgehen. Kommt man auf ein Feld mit einer Frage, stellt der Spieler die Frage an den Spieler, der als nächster an der Reihe wäre. Hat der Spieler die Frage korrekt gestellt, darf er ein Feld vorrücken und weiterwürfeln. Wurde sie vom nächsten Spieler richtig beantwortet, darf auch er ein Feld vorrücken. Von diesem Feld aus startet er später für seine nächste Runde. Gewonnen hat, wer zuerst das Zielfeld Финиш erreicht.

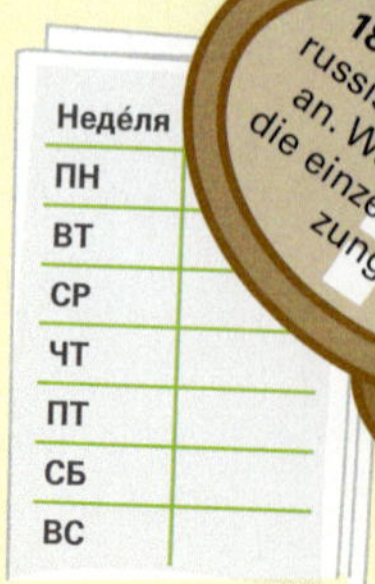

18. Schau dir den russischen Kalender an. Was bedeuten die einzelnen Abkürzungen?

19. Lies die Telefonnummer vor, die für Russland gilt.
030 576 2431
+7 495 983 31 15
+33 51 25 16 49
Nenne deine Telefonnummer.

20. Frage einen Mitspieler, was es bei ihm heute zu Mittag gibt. Er antwortet.

21. Sage auf Russisch, welche Sprachen du sprichst.

22. Frage jemanden, wie spät es ist. Er antwortet.

4. Wie heißt dieses Gerät? Nenne das russische Wort für das Getränk, das man damit zubereitet. Sage auf Russisch, welches Getränk du besonders magst.

5. Ужас! Пропусти один ход. (Setze 1 Mal aus).

6. Welchen der Füller kaufst du in Russland? Warum?

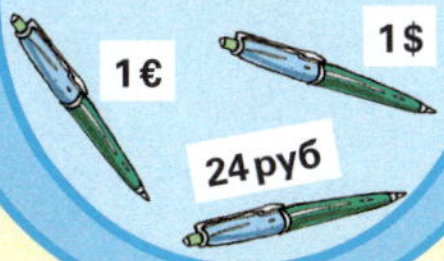

7. Sage, dass du etwas nicht weißt.

8. Welches dieser Musikinstrumente hörst du in Russland mehr als in anderen Ländern? Wie heißt es?

9. Frage einen Mitspieler, was er am Mittwoch macht. Er antwortet.

10. Schau dir die Landkarte S. 8/9 an. Finde das russische Wort für eine russische Region, in der es im Winter sehr kalt ist.

11. Stelle ein Mitglied deiner Familie vor und sage, wie alt es ist.

12. Wo arbeitet der Mann auf dem Foto? Welche Aufgabe hat er? Nenne seinen Beruf auf Russisch.

23. Schau dir die russische Landkarte S. 8/9 an und nenne zwei große russische Flüsse. Wenn du bei geschlossenem Buch noch einen weiteren russischen Fluss nennen kannst, darfst du ein zusätzliches Feld vorrücken.

24. Ужас! Пропусти один ход. (Setze 1 Mal aus).

25. Wie viele Fächer haben hier mit Russisch zu tun?

	ПН	ВТ	СР	ЧТ	ПТ	СБ
1	А́лгебра[2]	Литерату́ра	Биоло́гия	Биоло́гия	Хи́мия	Ру́сский язы́к
2	Ру́сский язы́к	Литерату́ра	Геоме́трия	Ру́сский язы́к	Францу́зский язы́к	
			Англи́йский язы́к			

26. Nenne drei Gegenstände, die auf deiner Schulbank liegen.

27. Frage einen Mitspieler, wie alt er ist. Er antwortet.

Свобóдное врéмя

1

3

5

2

4

6

7 8 9 10 11 12 13 14

футбóл | волейбóл | баскетбóл | тéннис | кинó | гимнáстика | шóпинг | балéт

дзюдó | сноубóрдинг | велоспóрт | интернéт-сёрфинг | хоккéй | мýзыка

а) Прочитáйте словá. Aus welcher Sprache stammen die meisten von ihnen? Welche Wörter habt ihr sofort verstanden, welche waren schwierig?

б) Ordnet die Wörter den Abbildungen zu.

L 15 **в)** Что дéлают ребя́та в свобóдное врéмя? Послýшайте интервью́. Notiert beim ersten Hören die Namen der fünf befragten Jugendlichen. Ergänzt anschließend beim zweiten Hören ihre Hobbys.

и́мя	хóбби
Óльга	кинó

г) **О себé** Каки́е хóбби вы лю́бите? (Welche ...) Каки́е хóбби вы не лю́бите?

S 60

Идём вме́сте?

Ви́тя до́ма де́лает уро́ки с И́рой.

Ви́тя: Ну что, на сего́дня всё? Мо́жет быть, чай?
И́ра: Ух, да!
Ви́тя: С са́харом, с лимо́ном и́ли с варе́ньем?
И́ра: С варе́ньем и с молоко́м. Ви́тя, а чем ты занима́ешься в свобо́дное вре́мя?
Ви́тя: Я ча́сто занима́юсь спо́ртом, ката́юсь на скейтбо́рде. И я о́чень люблю́ му́зыку. А ты?
И́ра: Я занима́юсь гимна́стикой, люблю́ мо́ду и теа́тр. Ты зна́ешь, в пя́тницу у Ле́ны в шко́ле капу́стник. Идём вме́сте?
Ви́тя: Коне́чно! Идём!

1 По следа́м … § 29

а) Schreibt aus dem Text die Substantive heraus, die nach der Präposition **с** (mit) stehen. Sie stehen im 5. Fall, im Instrumental. Markiert die Endungen.

б) Übertragt die Tabelle in eure Hefte und ordnet die Substantive im Instrumental aus a) zu.

m(askulin)	n(eutral)	f(eminin)
са́хар – с … учи́тель – с учи́тел**ем**	молоко́ – с … варе́нье – с …	И́ра – с … А́ня – с А́н**ей**

в) Ergänzt die Tabelle mit den entsprechenden Formen der folgenden Substantive:

Ле́на | Ми́шка | одноклассник | Макси́м | друг | Ви́тя

2 С кем и́ли с чем? 1, 2

Отве́тьте на вопро́сы.
1. С кем И́ра у́чит матема́тику? (Макс)
2. С кем Ве́рочка идёт в са́дик? (И́ра)
3. С кем И́ра идёт на капу́стник? (Ви́тя)
4. С чем И́ра лю́бит чай? (варе́нье)
5. С чем И́ра лю́бит ко́фе? (молоко́)

3 По следа́м … § 30

а) Vergleicht die Formen des reflexiven Verbs занима́ться mit den Verbendungen, die ihr kennt. Welchen Unterschied stellt ihr fest? Übersetzt die Formen ins Deutsche. Was stellt ihr fest?

б) Findet heraus, wann **-ся** bzw. **-сь** angehängt wird.

в) Im Text gibt es ein weiteres reflexives Verb. Welches?

занима́ться
я занима́юсь
ты занима́ешься
он/она́ занима́ется
мы занима́емся
вы занима́етесь
они́ занима́ются

In der Bedeutung „sich mit etwas beschäftigen" steht nach занима́ться immer der Instrumental, **aber ohne Präposition „с"!**

4 Чем они́ занима́ются? 3, 4

1. Ви́тя 
2. Ве́рочка 
3. Макс 
4. И́ра 

Капу́стник

S 61 **1** В пя́тницу День шко́лы. В сре́ду идёт репети́ция капу́стника на те́му «Шко́ла».

Ле́на: Ты хорошо́ игра́ешь дире́ктора, про́сто класс! А како́й у тебя́ краси́вый костю́м!
Макс: Ну, а ты о́чень хорошо́ чита́ешь рэп. Дава́й ещё раз …
Ле́на: Ура́! Сего́дня необы́чный уро́к, грамма́тику мы изуча́ем, рэп чита́ем и бы́стро всё зна́ем, да!
Макс: Су́пер!
Ле́на: А И́ра с Ви́тей то́же иду́т на капу́стник?
Макс: Да, коне́чно.

S 62 **2** В четве́рг Макс звони́т Ири́не.

Макс: И́ра, приве́т! Чем ты занима́ешься?
И́ра: У меня́ но́вое пальто́ и я …
Макс: И́ра, у нас беда́! Ле́на лежи́т до́ма с гри́ппом. А у нас капу́стник! И́ра, что де́лать?
И́ра: А у вас больша́я сце́нка?
Макс: Нет, ма́ленькая. Но Ле́на чита́ет рэп.
И́ра: Ла́дно, а текст у тебя́ есть?
Макс: Да. Я уже́ иду́ к тебе́.

1 К те́ксту

Пра́вильно и́ли непра́вильно? Испра́вьте оши́бки.

1. В пя́тницу День дире́ктора.
2. Ле́на и Макси́м иду́т в шко́лу.
3. У Ма́кса о́чень краси́вый костю́м.
4. Ле́на о́чень хорошо́ чита́ет рэп.
5. Ви́тя и И́ра то́же иду́т на капу́стник.
6. И́ра лежи́т до́ма с гри́ппом.
7. У Ле́ны больша́я сце́нка.
8. Макс идёт к И́ре.

2 Зву́ки

S 63 Послу́шайте и повтори́те. Achtet auf die Aussprache der Präposition **с**. Könnt ihr sie erklären?

[с]	[с]	[с:]	[з]
с‿Анто́ном с‿И́рой с‿ученико́м	с‿Ле́ной с‿па́пой с‿Ве́рочкой	с‿сестро́й с‿са́харом с‿сосе́дкой	с‿бра́том с‿дру́гом с‿Ди́мой

3 По следа́м … § 31

а) Im Text lernt ihr die russischen Adjektive краси́вый, необы́чный, но́вое, больша́я und ма́ленькая kennen. Wie unterscheiden sich die männlichen, weiblichen und sächlichen Formen?

б) Допо́лните табли́цу. Zu jedem Adjektiv könnt ihr die männliche, weibliche und sächliche Form bilden, indem ihr die passende Endung an den Adjektivstamm hängt. Übertragt die Tabelle in euer Heft und vervollständigt sie.

m.	краси́в**ый**	■	больш**о́й**	ма́леньк**ий**
n.	■	но́в**ое**	■	■
f.	■	■	■	ма́леньк**ая**

в) Sprecht die Wörter краси́вый, но́вый, ма́ленький und большо́й laut aus und vergleicht die Betonung. Welche Besonderheit entdeckt ihr bei большо́й?

4 Необы́чный уро́к 5, 6

Kombiniert möglichst viele Substantive und Adjektive miteinander.
Wer hat die meisten passenden Formen aufgeschrieben?

кни́га

письмо́

шко́ла

ру́чка

костю́м

уче́бник

дом

пальто́

кино́

необы́чный | большо́й | неме́цкий | ма́ленький | но́вый | краси́вый | ру́сский

5 По следа́м … § 32

Seht euch die Objekte in den Sätzen an. In welchem Fall stehen sie?
Worin besteht der Unterschied zwischen ihnen?

Макс хорошо́ зна́ет дире́ктора, дру́га, учи́тельницу.
Макс хорошо́ зна́ет теа́тр, фильм, кни́гу.

6 Кто кого́ зна́ет?

а) Соста́вьте предложе́ния. ➤ Макси́м – президе́нт: Макси́м зна́ет президе́нта.

Макси́м – президе́нт | Алёша – инжене́р | Ле́на – тре́нер | па́па – учи́тель | Ви́тя – касси́р | учени́к – матема́тика | журнали́ст – текст

б) **О себе́** Кого́ и что вы зна́ете? (Wen und was …) Спроси́те друг дру́га.

L 16 7 Свобóдное врéмя Лéны

Послýшайте, что Лéна расскáзывает.
Скажи́те (Sagt):

а) Что они́ дéлают все вмéсте? (... alle zusammen?)
б) Кто чем занимáется?
в) Когдá?

8 Так говоря́т

! **So sagst du, was du in deiner Freizeit gerne machst oder was du nicht gerne machst.**
Компью́тер/сноубóрдинг – э́то моё хóбби.
Я (не/óчень) люблю́ читáть.
Я (не) занимáюсь фи́тнесом.
Я (не/совсéм не) люблю́ игрáть на гитáре.
Игрáть в шáхматы – э́то прóсто/ýжас/здóрово/класс/сýпер!

игрáть **в** футбóл
игрáть **в** хоккéй
игрáть **в** тéннис
игрáть **на** пиани́но
игрáть **на** гитáре
игрáть **на** балалáйке
игрáть **на** компью́тере

Спроси́те друг дрýга. ➤ Ты игрáешь в .../на ...? 7

9 Чем ты занимáешься?

а) **О себé** Что ты лю́бишь дéлать? Чем ты занимáешься?
Bildet einen Innen- und einen Außenkreis (Kugellager). Fragt euren Gesprächspartner, was er gerne macht. Der Außenkreis rückt dann um eine Person nach links weiter. Berichtet euch jetzt gegenseitig über die Aussagen eures vorigen Gesprächspartners. Sprecht mit mindestens drei Partnern. Erzählt danach der Klasse, was ihr erfahren habt.
➤ Дени́с лю́бит мýзыку./Ли́за занимáется спóртом.

* **б)** У вас есть рýсский друг. Напиши́те емý e-mail.
Erzählt von euren Interessen und Hobbys und erwähnt, mit wem ihr eure Freizeit verbringt.

10 По-рýсски

а) Ihr interessiert euch für das Freizeitverhalten eures Austauschpartners.
Wie fragt ihr, wenn ihr wissen wollt,
1. womit er sich in der Freizeit beschäftigt?
2. ob er Sport treibt? Wenn ja, fragt nach einigen Sportarten.
3. ob er sich mit Musik beschäftigt? Wenn ja, fragt, ob er ein Instrument spielt.
4. ob er Rap mag?
5. ob er gerne liest?
6. ob er gerne am Computer spielt?

б) Состáвьте диалóг. Verwendet dafür die Sätze aus a).

Сюрприз́

S 64 **1** У Йры до́ма.

Йра: … Ла́дно, а како́й у тебя́ костю́м?
Макс: Я игра́ю дире́ктора-рэ́пера. Я в о́чень мо́дном костю́ме. У меня́ чёрные брю́ки, широ́кая, жёлтая руба́шка и ке́пка.
Йра: А у меня́ бе́лый сви́тер, голуба́я ю́бка и чёрные ту́фли?
Макс: Нет-нет! Кра́сный сви́тер и зелёная ю́бка!
Йра: Да ты что!? У меня́ нет зелёной ю́бки и кра́сного сви́тера.
Макс: Шу́тка!
Йра: Да? Ну тогда́ про́сто джи́нсы, футбо́лка и ро́зовый шарф.

S 65 **2** Ви́тя и Йра сидя́т в а́ктовом за́ле. На сце́не поёт хор.

Ви́тя: А кого́ игра́ют Макс и Ле́на?
Йра: Макс игра́ет дире́ктора. У него́ тако́й кла́ссный костю́м! Ему́ он так идёт. А Ле́на игра́ет учени́цу. Она́ чита́ет о́чень смешно́й рэп. Ви́тя, извини́, я на мину́точку …

S 66 **3** Ви́тя удивля́ется: Где же Йра? Ведь скетч уже идёт! На сце́не Макс. Он учи́тель ру́сского языка́ и чита́ет рэп. А кто там поёт? Йра? Да, она́ вме́сте с Ма́ксом стои́т на сце́не. Вот э́то сюрпри́з! …

Ви́тя: Молодцы́, ребя́та! Здо́рово!
Йра / Макс: Да, мы зна́ем. Спаси́бо!

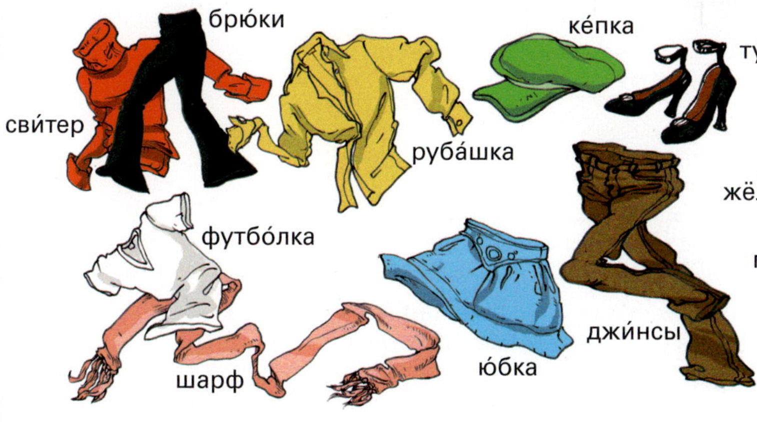

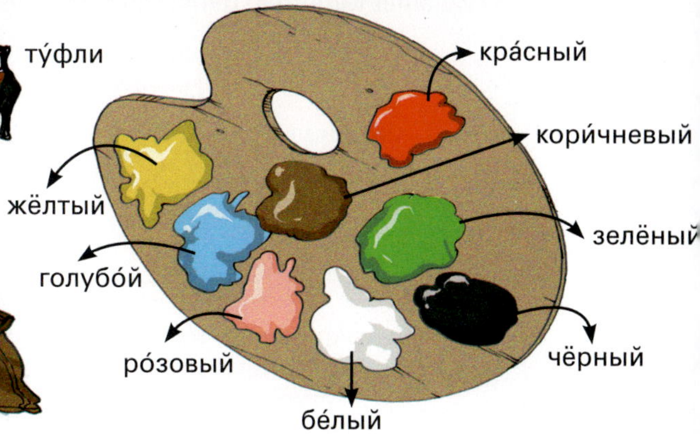

1 Оде́жда

L 17 **а)** Послу́шайте бу́квы и напиши́те их (… Buchstaben und schreibt sie auf). Ordnet sie in alphabetischer Reihenfolge.

б) Bildet mit den Buchstaben aus Aufgabe a) so viele Kleidungsstücke wie möglich. Wie viele habt ihr gefunden? Welche Kleidungsstücke, die ihr auf Russisch nennen könnt, lassen sich mit diesen Buchstaben nicht bilden?

2 К те́ксту

а) Допо́лните предложе́ния.

б) Schreibt die Sätze in der richtigen Reihenfolge auf.

в) Sucht pro Satz zwei Schlüsselwörter und schreibt sie auf ein Kärtchen. Macht euch kleine Skizzen dazu. Erzählt die Geschichte mithilfe der Kärtchen nach. Übt zu zweit, bevor ihr die Geschichte in der Klasse vortragt.

Пя́тница. У Ле́ны грипп.
■ уже́ идёт, но И́ры нет.
У И́ры очень просто́й ■:
джи́нсы, футбо́лка, ■.
И́ра на ■ вме́сте с Ма́ксом.
И́ра ■ рэп.
Ви́тя и И́ра сидя́т в ■.
Ви́тя удивля́ется: Где же она́?
Они́ ■ о Ма́ксе и о Ле́не.

3 Слова́, слова́, слова́

а) Findet die Wörter heraus, die zusammenpassen.
➤ **конце́рт**
рэп
сце́на

моби́льник	рэп	фи́тнес
руба́шка	но́мер	телефо́н
спорт	шко́ла	сце́на
капу́стник	пя́тница	учи́тельница
охра́нник	ту́фли	вто́рник
день	скетч	костю́м
конце́рт	сноубо́рд	а́ктовый зал

б) Соста́вьте ма́ленький текст. Wählt drei Wörter aus jeder Spalte der Aufgabe a) für euren Partner aus.
➤ Сего́дня И́ра идёт на **капу́стник**. Капу́стник у Ле́ны в **шко́ле**.
Но Ле́на лежи́т до́ма с гри́ппом. И вот И́ра на **сце́не** и чита́ет рэп Ле́ны.

4 Страте́гия – Wörter lernen

! Neue Wörter lernt ihr am besten nicht isoliert, sondern in einem Zusammenhang. Es gibt verschiedene Möglichkeiten. Eine davon ist die Mindmap (Wörternetz). Zu einer Mindmap gehören Wörter, die sich auf einen gemeinsamen Inhalt beziehen.

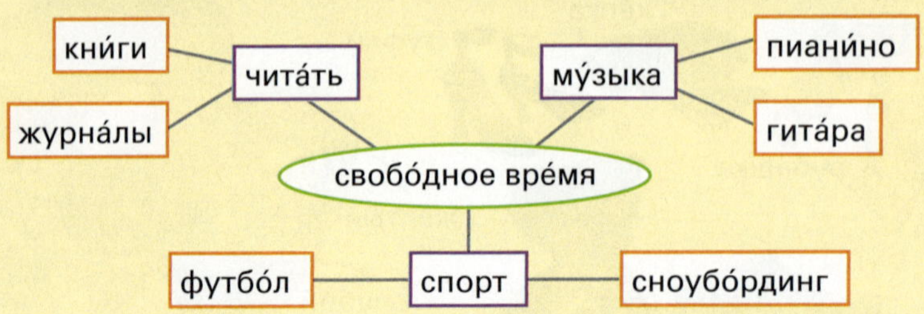

Соста́вьте mind map на те́му «Мо́да» (… zum Thema …). Illustriert die Mindmap mit Farben und mit Ausschnitten aus Katalogen oder Modezeitschriften.

5 По следáм ... § 33

Drei Kleidungsstücke bilden eine Besonderheit. Welche?
Schaut euch die dazugehörigen Adjektive an.
Wie heißen die Pluralendungen der Adjektive?

крáсные брю́ки | чёрные джи́нсы | голубы́е тýфли

6 Цветá ... 8

Notiert, um welche Kleidungsstücke es sich handelt, und fügt die jeweilige Farbe hinzu:

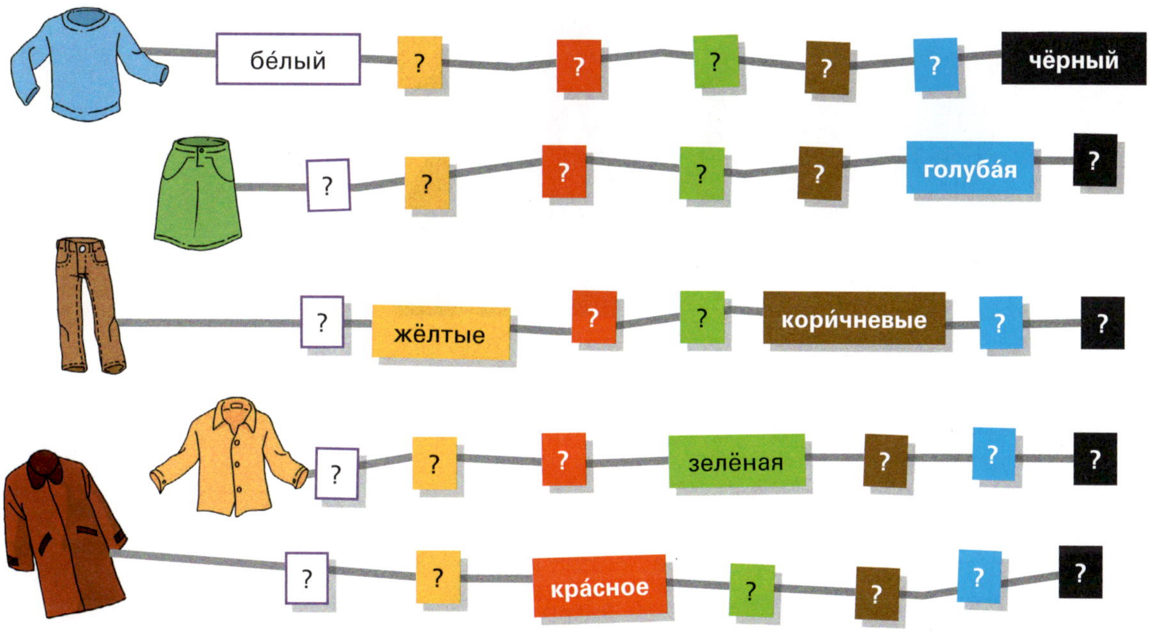

7 Костю́мы

Опиши́те одéжду. (Beschreibt ...).

Пéрвый костю́м, э́то зелён**ые** джи́нс**ы**, бéл**ая** футбóлк**а** и рóзов**ый** шарф.

8 По следа́м ... § 34

В шко́ле идёт пока́з мо́ды.

Па́ша: Э́то Ва́ля. Сего́дня на ней о́чень мо́дная оде́жда. Она́ в жёлтом сви́тере, зелёной ю́бке и чёрном пальто́. Но́вое пальто́ ей так идёт.
Голубо́й шарф, жёлтый сви́тер, голуба́я ке́пка и чёрное пальто́ – непло́хо, пра́вда?

а) Прочита́йте те́ксты. Sucht im ersten Abschnitt von Text Б und in dem kurzen Text am Anfang dieser Übung die Adjektive. Schreibt sie mit dem Substantiv, auf das sie sich beziehen, auf. In welchen Kasus stehen diese Adjektive?

б) Допо́лните табли́цу. Tragt die Adjektive in die Tabelle ein. Dativ, Akkusativ und Instrumental lernt ihr später.

	m.	n.	f.
Nominativ	белый / голубой	■	■
Genitiv	■	красного	■
...			
Präpositiv	■	■	■

9 Мой гардеро́б 9

а) У И́ры **нет** зелён**ой** ю́бк**и** и **нет** кра́сн**ого** сви́тер**а**. А чего́ нет у вас?

б) Jeder von euch schreibt fünf Kleidungsstücke mit ihren Farben auf. Fragt euch nun abwechselnd nach den Kleidungsstücken. Für das erratene Kleidungsstück bekommt ihr 1 Punkt, für das richtige Kleidungsstück und die richtige Farbe erhaltet ihr 3 Punkte. Wer gewinnt?

★ У тебя́ есть кра́сная ю́бка?
★ Да, кра́сная (ю́бка) есть. / Нет. У меня́ есть ю́бка, но кра́сной (ю́бки) нет.

руба́шка | ю́бка | сви́тер | ке́пка | пальто́ | футбо́лка | шарф

10 Он в бе́лом сви́тере 10

Опиши́те оде́жду однокла́ссника. Die anderen raten, wer gemeint ist.

Он / она́ в кра́сной футбо́лке. Кто э́то?

11 Кто э́то? 11, 12

L 18 **а)** Посмотри́те на карти́нки (Bilder) и послу́шайте диало́ги. Wie heißen die Personen?

б) Eine Person wird nicht beschrieben. Кто э́то? Опиши́те оде́жду по-ру́сски.

Он/она́ в ... //На нём/На ней ...

12 Игра́ в ко́сти 13, 14

	1	2	3	4	5	6
blau	Вот э́то	Что есть у	Я говорю́ о	Там стои́т	Здесь нет	Мы пи́шем о
rot	но́вый дире́ктор	ру́сская учени́ца	ма́ленькая сосе́дка	смешно́й рэ́пер	необы́чный однокла́ссник	неме́цкая подру́га

Соста́вьте предложе́ния. Nehmt einen Würfel. Erwürfelt damit eine Zahl aus der blauen und eine Zahl aus der roten Reihe. Bildet aus beiden Teilen einen Satz und setzt dabei die genannten Personen in den richtigen Kasus. Verbessert euch gegenseitig. Für jede richtige Form gibt es einen Punkt.

13 На сце́не

Einer stellt pantomimisch eine der Aktivitäten dar, die anderen erraten sie. Wechselt euch ab.

★ Ты игра́ешь дире́ктора?
★ Да, пра́вильно. / Нет, непра́вильно.

- чита́ть (рэп)
- лежа́ть до́ма с гри́ппом
- ката́ться на сноубо́рде
- игра́ть дире́ктора
- занима́ться му́зыкой
- сиде́ть в а́ктовом за́ле
- стоя́ть на сце́не
- звони́ть по телефо́ну

14 Ко́микс

15

Что вы ви́дите на карти́нках (auf den Bildern)? Соста́вьте мале́нький расска́з (Erzählung).

Капу́стник у вас на уро́ке

Мяч [1]

Мой
Весёлый [2]
Зво́нкий [3]
Мяч.
Ты куда́
Пусти́лся
Вскачь [4]?
Кра́сный,
Жёлтый,
Голубо́й,
Не угна́ться
За тобо́й [5]!

Самуи́л Марша́к

а) Прочита́йте стихи́.
Tragt das Gedicht vor.
б) Seht euch das Bild an und findet die Unterschiede zum Gedicht heraus.
в) Schreibt das Gedicht nach dem Bildinhalt um.
г) Lernt das Gedicht oder euer eigenes auswendig.
д) Macht daraus einen Rap.

1 мяч Ball – **2 весёлый** fröhlich – **3 зво́нкий** klingend – **4 Ты куда́ пусти́лся вскачь?** Wohin bist du losgehüpft? – **5 не угна́ться за тобо́й** man kann dich nicht einholen

Добро́ пожа́ловать в Москву́!

Москва́-Си́ти А

Б Кремль и Кра́сная пло́щадь – си́мволы столи́цы

Большо́й теа́тр В

Г Храм Христа́ Спаси́теля на берегу́ Москвы́-реки́

Д Дом Прави́тельства РФ – „Бе́лый Дом“

а) Посмотри́те и прочита́йте. Erkennt ihr auf den Fotos Sehenswürdigkeiten von Moskau? Welche?

L 19 б) Достопримеча́тельности го́рода. Послу́шайте те́ксты. Welche Sehenswürdigkeiten werden beschrieben? Versucht, sie zu erraten. Notiert und sagt, in welcher Reihenfolge sie vorgestellt werden.

Пе́рвый текст – э́то …

в) Послу́шайте те́ксты второ́й раз. Расскажи́те по-ру́сски и́ли по-неме́цки: Was habt ihr über die einzelnen Sehenswürdigkeiten erfahren?

§ 70 С прие́здом, А́лекс! 1

А́лекс, сво́дный брат Ви́ти, живёт в Берли́не. А́лекс не ча́сто лета́ет на самолёте, но лета́ть ему́ нра́вится. В Москву́ он лети́т пе́рвый раз. Ви́тя с ба́бушкой и де́душкой е́дут в аэропо́рт Домоде́дово. Де́душка Ви́ти обы́чно не е́здит на маши́не в час пи́к, поэ́тому они́ е́дут на метро́. А́лекс уже́ ждёт в аэропорту́ и хо́дит по за́лу. Наконе́ц иду́т Ви́тя с ба́бушкой и де́душкой.

1 По следа́м … § 35

а) In diesem Text lernt ihr die Verben der Fortbewegung kennen. Ihre Besonderheit: Sie existieren immer in Paaren.
Findet mithilfe des Textes die russischen Verbpaare für die Bedeutung: fliegen, fahren, gehen.

е́хать | е́здить | ходи́ть | лете́ть | идти́ | лета́ть

б) Sucht alle Verbformen aus dem Text, die eine Fortbewegung bezeichnen, und ordnet sie in die Tabelle ein. Ergänzt dann die noch fehlenden Verbformen.

	е́хать	е́здить	идти́	ходи́ть	лете́ть	лета́ть
я	е́ду	е́зжу	■	хожу́	лечу́	лета́ю
ты	е́дешь	е́здишь	■	хо́дишь	лети́шь	■
он	е́дет	■	■	■	■	■
мы	е́дем	■	■	■	■	■
вы	е́дете	■	■	■	■	■
они	■	■	■	■	■	■

в) Прочита́йте текст ещё раз. Markiert in der Tabelle diejenigen Verben **grün**, die eine Fortbewegung **in nur eine Richtung** (bestimmte Verben) angeben.
Erfolgt die Fortbewegung **nicht nur in eine Richtung**, ist es eine **Wiederholung** oder wird überhaupt **keine Richtung** angegeben (unbestimmte Verben), dann markiert sie **rot**.

г) Sucht im Text Wörter, die eine Wiederholung signalisieren. Man nennt sie auch Signalwörter. Sie stehen oft in der Nähe der unbestimmten Verben.

2 Мы ча́сто … 2, 3

Допо́лните предложе́ния.

1. Мы ча́сто ■ в Берли́н. 
2. Сего́дня А́ня ■ на авто́бусе в шко́лу. 
3. Обы́чно они́ ■ в библиоте́ку на метро́. 
4. В пя́тницу Ви́тя ■ в кино́. 
5. Вы за́втра ■ в Москву́? 
6. Я ■ по ко́мнате. 

В метро́

S 71 ◎ **1** У Ви́ти до́ма.

Ви́тя: Эй, со́ня, уже́ 10 часо́в, пора́ встава́ть!
А́лекс: Что? Уже́?
Ви́тя: Мы е́дем в центр.
А́лекс: В центр го́рода? Непло́хо. Кремль, Мавзоле́й Ле́нина …
Ви́тя: Мавзоле́й? Кому́ э́то интере́сно?
А́лекс: Мне, и да́же о́чень. У нас мавзоле́я нет. А на чём мы е́дем?
Ви́тя: На метро́, коне́чно. Москвичи́ обы́чно е́здят в центр го́рода на метро́.
А́лекс: На метро́, здо́рово!
Ви́тя: Тогда́ вперёд, ребя́та нас уже́ ждут.

S 72 ◎ **2** Ви́тя и А́лекс иду́т к метро́.

А́лекс: Мину́точку, Ви́тя. Здесь кио́ск. Там, наве́рное, есть схе́ма метро́.
Продавщи́ца: Слу́шаю тебя́.
А́лекс: Покажи́те мне, пожа́луйста, схе́му метро́ … А ско́лько она́ сто́ит?
Продавщи́ца: Больша́я сто́ит 60 рубле́й. А ма́ленькая схе́ма сто́ит 32 рубля́.
А́лекс: Хорошо́, тогда́ да́йте мне, пожа́луйста, схе́му за 32 рубля́.

S 73 ◎ **3** А́лекс покупа́ет схе́му метро́ и ребя́та иду́т да́льше.

А́лекс: Ви́тя, а как мы е́дем?
Ви́тя: Снача́ла до «Па́рка Культу́ры», а пото́м да́льше до «Охо́тного Ря́да».
А́лекс: Ох, как мно́го люде́й! Про́сто у́жас! И как глубоко́!
Ви́тя: Да, да. Смотри́, наш по́езд идёт!

Ребя́та и пассажи́ры иду́т к по́езду. А́лекс слы́шит: «Осторожно́! Две́ри закрыва́ются …» Ви́тя в ваго́не. А где А́лекс? А́лекса нет!

1 К те́ксту 4

а) Соста́вьте предложе́ния. Schreibt dann die Sätze in der richtigen Reihenfolge auf.

идýт – пассажи́ры – по́езду – к – Ребя́та – и

Ви́тя – до́ма – А́лекс – ещё – и

метро́ – да́льше – А́лекс – и – схе́му – идýт – покупа́ет – ребя́та

идýт – Пото́м – метро́ – они́ – к

а – нет – Ви́тя – в – А́лекса – ваго́не

б) Кака́я пробле́ма у А́лекса?
Was meint ihr, wie er es lösen wird? Wie würdet ihr euch verhalten?

2 По следа́м … § 35

Sucht aus Text A alle Verben der Fortbewegung heraus und gebt an, ob es sich um ein bestimmtes oder unbestimmtes Verb handelt. Begründet ihre Verwendung.

✻ 3 Тра́нспорт 5

а) Соста́вьте mind map на те́му «Тра́нспорт». Zeichnet drei Kästchen.
Tragt jeweils ein Verbpaar der Fortbewegung ein. Ordnet alle Transportmittel aus den Texten (старт/текст А) und aus den Bildern auf dieser Seite dem jeweils passenden Verbpaar zu.
Schmückt die Mindmap mit Ausschnitten aus Zeitschriften oder Zeichnungen aus.

трамва́й

тролле́йбус

велосипе́д

электри́чка

маршрýтка

авто́бус

б) **О себе́** Како́й тра́нспорт есть у вас в го́роде? А како́го тра́нспорта нет?

в) Спроси́те одноклáссника, на чём он обы́чно е́здит в шко́лу, …
Пото́м расскажи́те кла́ссу об э́том. (... darüber.)

★ На чём ты обы́чно е́здишь в шко́лу?
★ Обы́чно я е́зжу в шко́лу …
★ Обы́чно он(а́) е́здит в шко́лу …

на трениро́вку | в шко́лу | в кино́ | на футбо́л | к дрýгу | к подрýге

4 Плю́с и ми́нус 6, 7

L 20 **а)** Schreibt die Zahlen aus den Kästchen von б) jeweils auf ein Kärtchen.
Hört die Zahlen und zeigt das passende Kärtchen.
Welche Zahl oder Zahlen habt ihr nicht gehört? Welche habt ihr mehrfach gehört?

б) Счита́йте вот так (Rechnet so): ↓ → ↗ ↘

» 12 плюс 24 плюс 18 бу́дет …

» 60 ми́нус 34 ми́нус 19 бу́дет …

+		
12	24	18
16	9	35
25	13	3

-		
60	34	19
33	6	11
26	22	2

5 Что они́ покупа́ют? § 36 8

а) Что э́то? Einer sucht sich einen Gegenstand aus und sagt nur den Preis, der andere errät den Gegenstand.
» ★ Она́ сто́ит 48 руб. ★ Э́то кни́га.

1 (оди́н)	рубл**ь**
2, 3, 4	рубл**я́**
5–20	рубл**е́й**

59 р.

34 р.

46 р.

22 р.

48 р.

32 р.

55 р.

61 р.

б) Соста́вьте предложе́ния. » А́лекс покупа́ет схе́му метро́. Она́ сто́ит 32 рубля́.

Ле́на | А́лекс | Ви́тя | учи́тельница | Ве́рочка | ба́бушка Ви́ти | тури́ст | Макс

в) Соста́вьте диало́ги. Ihr wollt einen dieser Gegenstände als Souvenir kaufen.

6 Зву́ки

S 74 а) Послу́шайте и повтори́те. Fertigt Kärtchen mit **ы** und **и** an. Zeigt damit, welche Laute ihr hört.

авто́бусы – трамва́и
тури́сты – музе́и
ка́ссы – рубли́
покажи́ – смотри́
пассажи́ры – электри́чки
маши́ны – маршру́тки
карандаши́ – календари́
слы́шит – сто́ит

S 75 б) Вы́учите скорогово́рку наизу́сть. (Lernt den Zungenbrecher auswendig.)

Ти́ше, мы́ши, кот на кры́ше, а котя́та – ещё вы́ше.

7 По следа́м … § 37

Lest noch einmal den Schluss des Textes. Wie wird ausgedrückt, dass Alex verschwunden ist?

8 Кого́ и́ли чего́ нет? 9

а) Отве́тьте на вопро́сы.
1. Кого́ сего́дня нет на уро́ке?
2. Кого́ вече́ром нет на дискоте́ке?
3. Кого́ сейча́с нет до́ма?

б) **Цепо́чка** Sammelt an der Tafel Wörter, die Gegenstände bezeichnen, z. B. стол, маши́на …
Скажи́те: Что есть у вас в кла́ссе, а чего́ нет?
★ У нас в кла́ссе есть стол, а маши́ны нет.
★ У нас в кла́ссе есть стол и окно́, а маши́ны и телефо́на нет.
★ У нас в кла́ссе есть стол, окно́ и … , а маши́ны, телефо́на и … нет.

9 Кто и́ли что?

Отве́тьте на вопро́сы.

1. Кто покупа́ет схе́му метро́?
2. У кого́ живёт А́лекс?
3. С кем говори́т А́лекс?
4. Чем Ви́тя занима́ется?
5. Кого́ нет в ваго́не?
6. На чём ребя́та е́дут в центр?

А́лекс. | На метро́. | С продавщи́цей. | У Ви́ти. | Му́зыкой. | А́лекса.

В це́нтре Москвы́

S 76 **1** А́лекс на платфо́рме. Что де́лать?
Он звони́т Ви́те.

А́лекс: Ви́тя, что де́лать?

Ви́тя: Споко́йно! Я е́ду обра́тно и жду тебя́ на платфо́рме у пе́рвого ваго́на.

А́лекс: Хорошо́.

S 77 **2** Кра́сная пло́щадь. Ле́на, И́ра и Макси́м ждут Ви́тю и А́лекса. Наконе́ц они́ иду́т.

Ви́тя: Приве́т, ребя́та! Э́то мой брат А́лекс из Берли́на. А́лекс, э́то Ле́на, И́ра и Макс.

И́ра: Приве́т! Ты пе́рвый раз в Москве́?

А́лекс: Да.

Ле́на: Тогда́, мо́жет, ма́ленькая экску́рсия?

А́лекс: С удово́льствием.

И́ра: Ита́к, э́та пло́щадь называ́ется Кра́сная – она́ гла́вная пло́щадь столи́цы. Там ты ви́дишь знамени́тый Кремль – си́мвол Москвы́. А вот э́то зда́ние у Кремля́ – Мавзоле́й.

А́лекс: А как называ́ется э́тот краси́вый собо́р сле́ва от нас?

Ви́тя: Э́то храм Васи́лия Блаже́нного.

А́лекс: Кла́ссно!

И́ра: А вот э́то зда́ние напро́тив Кремля́ – ГУМ, Гла́вный Универса́льный Магази́н.

Макси́м: Ну что, в Кремль?

А́лекс: Да, коне́чно.

S 78 **3** Ребя́та хо́дят по Кремлю́.

Ле́на: Смотри́, А́лекс! Э́то Царь-пу́шка, а вот э́то знамени́тый Царь-ко́локол …

Тури́ст: Извини́те, ребя́та, как дойти́ до хра́ма Васи́лия Блаже́нного?

И́ра: Ви́дите вход в Кремль? Иди́те туда́, а пото́м напра́во. Да́льше пря́мо че́рез парк и опя́ть напра́во. И там уже́ нахо́дятся Кра́сная пло́щадь и храм Васи́лия Блаже́нного.

Тури́ст: Большо́е спаси́бо.

И́ра: Не́ за что.

Макси́м: Ребя́та, идём да́льше!

1 К тéксту 10, 11, 12

Прáвильно и́ли непрáвильно? Испрáвьте оши́бки.

1. А́лекс стои́т на платфóрме.
2. Ви́тя звони́т А́лексу.
3. Ви́тя и А́лекс ждут Лéну, И́ру и Мáкса.
4. А́лекс пéрвый раз в Москвé.
5. ГУМ напрóтив Кремля́.
6. Ребя́та хóдят по гóроду.
7. Царь-пу́шка нахóдится в собóре.
8. Ребя́та помогáют тури́сту.

2 Москвá

а) Отвéтьте на вопрóсы. Notiert euch von euren Antworten jeweils ein Stichwort.

1. На какóй рекé нахóдится Москвá?
2. Как назывáются си́мволы Москвы́?
3. Как назывáется знамени́тый храм?
4. Как назывáется глáвная плóщадь Москвы́?
5. Как назывáется знамени́тый универмáг Москвы́?
6. Где рабóтает президéнт Росси́и?

б) Закрóйте кни́гу (Schließt …). Benutzt eure Notizen aus a) und erzählt über die Sehenswürdigkeiten von Moskau.

3 По следáм … § 38

Перепиши́те табли́цу.
Die Formen des Genitivs und Präpositivs des Demonstrativpronomens könnt ihr selbst eintragen.
Sie werden wie Adjektive mit hartem Stammauslaut dekliniert.

Der Nominativ Plural heißt für alle Genera **э́ти**.

Singular	m.	n.	f.
Nominativ	э́тот	э́то	э́та
Genitiv	■	■	■
…	■	■	■
Präpositiv	■	■	■

4 Тури́ст в Москвé 13

Допóлните предложéния. Setzt die Formen des Demonstrativpronomens ein.

1. ■ автóбус идёт в центр.
2. ГУМ – вот ■ здáние.
3. Где нахóдится музéй? На ■ у́лице?
4. Где ты обéдаешь? В ■ ресторáне?
5. ■ магази́на нет на ■ у́лице.
6. ■ плóщадь нахóдится в цéнтре Москвы́.
7. У меня́ ещё нет ■ кни́ги о Москвé.
8. ■ тури́сты иду́т в Кремль.

5 Кра́сная пло́щадь далеко́? 14

а) Gebt die russischen Wendungen an, mit denen ihr einen Weg oder einen Ort beschreiben könnt. Ordnet sie den deutschen Bedeutungen zu und notiert sie als Paare (russisch – deutsch) in euer Heft. Fügt kleine Zeichnungen hinzu, damit ihr euch die Wendungen besser merkt.

1. gegenüber
2. geradeaus
3. durch den Park
4. nach rechts
5. links von
6. rechts
7. rechts von
8. nach links
9. über die Straße

Где? сле́ва – спра́ва
Куда́? нале́во – напра́во

б) Что де́лает Ми́шка?

6 Так говоря́т – Как дойти́ до ...?

!

So fragst du nach dem Weg oder einem Ort:
Извини́(те), пожа́луйста, где нахо́дится ...?
Скажи́(те), пожа́луйста, как дойти́ до ...?
Извини́те, вы не зна́ете, как дойти́ до ...?

So beschreibst du den Weg oder die Lage:
... нахо́дится далеко́/недалеко́ (от) ...
... нахо́дится напро́тив ...
Сле́ва/Спра́ва нахо́дится ...
Сле́ва/Спра́ва от ... нахо́дится ...
Иди́(те) напра́во/нале́во/че́рез/пря́мо ...
сначáла ..., а пото́м ...

L 21, 22 Послу́шайте CD. Findet heraus, wo sich die Personen befinden und nach welchem Ort sie fragen. Verfolgt ihren Weg auf dem Stadtplan im Innenumschlag vorn.

7 Иди́ снача́ла … 15

а) Ми́шка на Кра́сной пло́щади. Er will sich mit euch treffen. Wie erklärt ihr ihm am Telefon, wie er zu euch kommen kann? Euer Standort ist der schwarze Punkt.

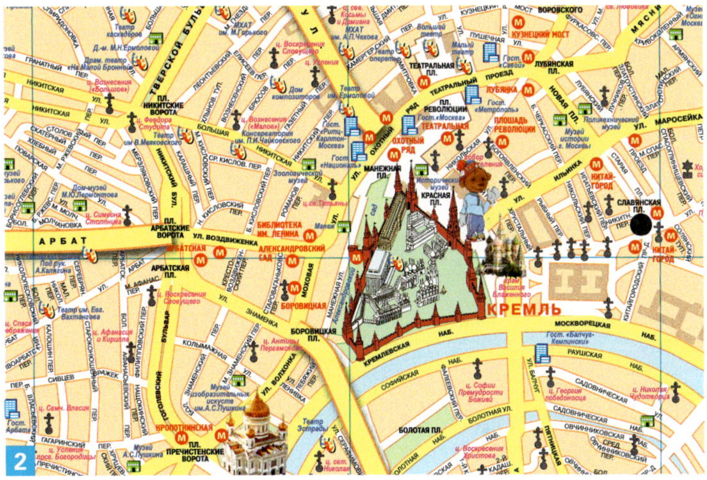

б) Arbeitet zu zweit mit dem Stadtplan im Innenumschlag vorn. Ausgangspunkt ist immer Кра́сная пло́щадь. Einer von euch sucht sich eine Sehenswürdigkeit aus und beschreibt den Weg dorthin. Der andere errät die Sehenswürdigkeit. Tauscht dann die Rollen.

8 Страте́гия – Sich leichter verständigen können

! Euch haben in manchen Situationen sicher schon einmal die passenden russischen Wörter gefehlt. Die folgenden Hinweise helfen euch, unbekannte Wörter zu umschreiben, z. B.

- mit einem Oberbegriff: **Schreibtisch:** Э́то стол, на нём нахо́дятся ру́чка, кни́ги, компью́тер.
- mit einer Erklärung, einem Vergleich oder einem Beispiel: **Am Zeitungskiosk:** Там, где я покупа́ю журна́лы и газе́ты.
- mit dem Gegenteil: **nach rechts:** не нале́во
- mit Umschreibungen, die etwas Ähnliches ausdrücken: **Lieblings(buch):** Я люблю́ … / Мне нра́вится …

Verwendet die Hinweise, um folgende Wörter zu erklären.

ГУМ | храм | Кра́сная пло́щадь | зда́ние | ма́ленький | сле́ва

9 По-ру́сски 16

Du bist mit deiner Familie in Moskau und der einzige, der Russisch kann, deshalb musst du dolmetschen.

Ihr wollt wissen,	Man antwortet euch:
– wie man zum Stadtzentrum kommt.	– Иди́те на пе́рвой у́лице нале́во и да́льше по Тверско́й у́лице пря́мо до Кремля́.
– wie man zur Metro gelangt.	– Иди́те снача́ла напра́во, пото́м пря́мо, а на второ́й у́лице нале́во.
– wo das Theater ist.	– Иди́те пря́мо че́рез пло́щадь и пото́м до библиоте́ки. Напро́тив нахо́дится теа́тр.
– ob es weit bis zum Kreml ist.	– Нет, недалеко́. Иди́те нале́во, пото́м на второ́й у́лице напра́во и да́льше пря́мо до Истори́ческого музе́я. Там же и Кремль.
– wie die Straße heißt.	– Э́то Но́вый Арба́т.

10 Как называ́ется ...

а) Расскажи́те друг дру́гу о го́роде. Nehmt dafür Moskau oder eine Stadt, die ihr kennt.

Э́тот го́род называ́ется ...

Где нахо́дится го́род?
– на берегу́ реки́ ...
– недалеко́ от ...
– ...

Како́й э́то го́род?
– ма́ленький/большо́й
– краси́вый
– ста́рый/но́вый
– ...

Каки́е достопримеча́тельности есть в го́роде?
– ста́рый центр го́рода
– теа́тры
– музе́и ...
– ...

Како́й тра́нспорт есть в го́роде?
– авто́бусы
– ...

б) **О себе́** Gestaltet für eure Partnerschule einen Flyer mit russischsprachigen Informationen und Fotos über die Stadt, in der ihr wohnt oder zur Schule geht. Präsentiert ihn in der Klasse. Legt ihn in eurem Portfolio-Ordner ab.

L 23 L 24

Подмоско́вные вечера́

Гру́ппа «Премье́р-мини́стр» – э́то пять молоды́х и тала́нтливых люде́й[1]. Они́ игра́ют му́зыку в сти́лях поп, соул и эр-энд-би. В 2002 году́ гру́ппа уча́ствовала[2] в ко́нкурсе «Еврови́дение[3]», где заняла́[4] деся́тое ме́сто[5]. Соста́в[6] гру́ппы интернациона́льный: Вячесла́в Еськóв — ру́сский[7], Серге́й Демянчу́к — украи́нец[8], Ама́рхуу Бо́рхуу — монго́л[9], Васи́лий Кире́ев — ру́сский, а Тара́с Демчу́к — украи́нец. Гру́ппа мно́го гастроли́рует[10].

Не слышны́ в саду́ да́же шо́рохи,
Всё здесь за́мерло до утра́.
Е́сли б зна́ли вы, как мне до́роги
Подмоско́вные вечера́.

Ре́чка дви́жется и не дви́жется,
Вся из лу́нного серебра́.
Пе́сня слы́шится и не слы́шится
В э́ти ти́хие вечера́.

Что ж ты, ми́лая, смо́тришь и́скоса,
Ни́зко го́лову наклоня́.
Тру́дно вы́сказать и не вы́сказать
Всё, что на се́рдце у меня́.

А рассве́т уже́ всё заме́тнее,
Так, пожа́луйста, будь добра́.
Не забу́дь и ты э́ти ле́тние
Подмоско́вные вечера́.

Стихи́ М. Матусо́вского,
му́зыка В. Соловьёва-Седо́го

Im Garten sind alle Geräusche verstummt,
alles hier steht still bis zum Morgen.
Wenn ihr bloß wüsstet, wie ich sie liebe,
diese Nächte in der Moskauer Vorstadt.

Das Flüsschen fließt, bewegungslos,
ganz aus mondbeglänztem Silber,
Ein Lied ist zu hören und wieder nicht zu hören
in diesen stillen Nächten.

Was schaust du, meine Liebe, mich von der Seite an,
den Kopf so dicht angeschmiegt?
Es ist schwer auszusprechen und doch nicht zu sagen,
was ich alles auf meinem Herzen habe.

Die Morgendämmerung kommt schon herauf.
Darum, bitte, sei so gut:
Vergiss auch du nicht diese
sommerlichen Nächte in der Moskauer Vorstadt.

Übertragung ins Deutsche von Kai Kracht, Lübeck

Послу́шайте пе́сню и скажи́те, кака́я ве́рсия вам бо́льше нра́вится.
(Hört das Lied und sagt, welche Version euch besser gefällt.)

1 пять молоды́х и тала́нтливых люде́й fünf talentierte junge Menschen – **2 уча́ствовала** hat teilgenommen – **3 Еврови́дение** Eurovision – **4 заняла́** hat erreicht – **5 ме́сто** Platz – **6 соста́в** Besetzung – **7 ру́сский** Russe – **8 украи́нец** Ukrainer – **9 монго́л** Mongole – **10 гастроли́рует** ist auf Tournee

Пра́здники

7-ое января́

1-ое января́

14-ое февраля́

зима́ зимо́й

1-ое ма́рта

8-ое ма́рта

весна́ весно́й

ле́то ле́том

12-ое июня

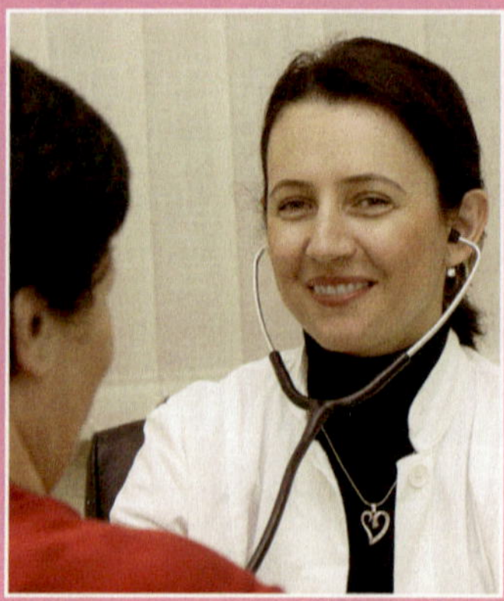

о́сень о́сенью

5-ое октября́

янва́рь	февра́ль	март	апре́ль	май	ию́нь
1 Но́вый год	14 День свято́го Валенти́на	1 День рож-де́ния Ми́шки	Па́сха	1 Пра́здник Весны́ и Труда́	12 День Росси́и
7 Рождество́		8 Же́нский день			День врача́

ию́ль	а́вгуст	сентя́брь	октя́брь	ноя́брь	дека́брь
			День учи́теля		

In Russland gibt es auch andere Feiertage und Traditionen. So feiert man z. B. Weihnachten am 7. Januar und viele Berufsgruppen haben ihren eigenen Feiertag, an dem man den Personen gratuliert, z. B. den День учи́теля, der 5. Tag im Oktober.

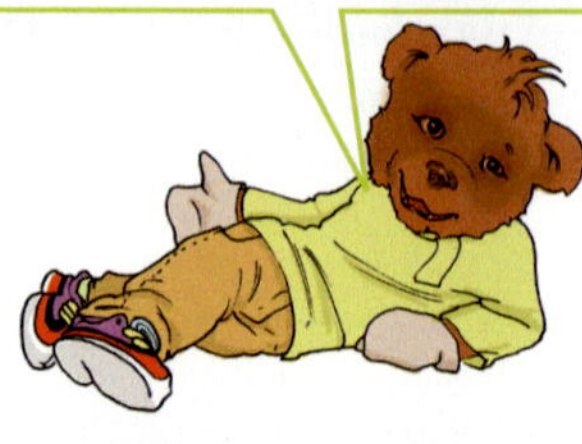

а) Посмотри́те. Seht euch die Fotos und den Kalender an. Schreibt die russischen Ausdrücke für folgende Feiertage heraus und lest sie vor: Neujahr, Weihnachten, Valentinstag, Frauentag, Ostern, Tag der Arbeit, Tag Russlands, Tag des Arztes, Tag des Lehrers, Geburtstag.

б) Для како́го пра́здника нет фотогра́фии?

L 25 **в)** Послу́шайте CD. Угада́йте пра́здники. (Erratet die Feiertage.)

» Пе́рвый трэк – э́то …

Календáрь

1 Три – э́то март

1, 2

a) Поигрáйте. (Spielt.) Ihr spielt zu viert mit zwei Würfeln. Jeder Spieler entscheidet, ob er mit einem oder zwei Würfeln spielt. Wenn er mit zwei Würfeln spielt, addiert er die gewürfelten Augenzahlen. Derjenige, der gewürfelt hat, sagt laut auf Russisch die Zahl. Derjenige, der am schnellsten den Monat für die Zahl nennt, hat gewonnen und darf nun würfeln.

б) Erweitert das Spiel und sagt zusätzlich, in welcher Jahreszeit der Monat liegt.
Март – веснóй.

2 Звýки

L 26 a) Послýшайте назвáния мéсяцев и повтори́те (... Monatsnamen ...).
Achtet dabei besonders auf die Betonung. Klopft die Silben auf dem Tisch mit.
Achtung: Die betonte Silbe muss lauter klingen.

б) Послýшайте назвáния мéсяцев ещё раз.
In welchen zwei unterschiedlichen Kasus werden die Monate genannt?

в) Berichtet über die russischen Feiertage. День святóго Валенти́на в февралé.

1. День врачá
2. Нóвый год
3. Жéнский день
4. Прáздник Весны́ и Трудá
5. Рождествó
6. День Росси́и
7. Пáсха
8. твой день рождéния

3 Какóе сегóдня числó?

§§ 39, 40

a) Schaut euch die beiden Datumsangaben an. Was unterscheidet sie?

Какóе сегóдня числó? Der Wievielte ist heute?	Когдá? Какóго числá Нóвый год? Wann ist Neujahr?
Сегóдня пéрвое января́. Heute ist der 1. Januar.	Пéрвого января́. Am 1. Januar.

б) Продóлжите предложéния.
1. 8-ое мáрта – э́то ■.
2. 14-ое февраля́ – э́то ■.
3. 7-ое января́ – э́то ■.
4. 1-ое мая – э́то ■.
5. 1-ое января́ – э́то ■.
6. 12-ое июня – э́то ■.

в) Какóго числá э́ти прáздники? Жéнский день, Рождествó, Прáздник Весны́ и Трудá, День святóго Валенти́на, День Росси́и. Нóвый год – пéрвого января́.

4 День рождéния

3, 4

1. И́ра	21.03.
2. Вéрочка	16.04.
3. Макси́м	12.08.
4. Ди́ма	15.09.
5. Лéна	20.12.
6. Ви́ктор	19.05.

a) Скажи́те, когдá и какóго числá у них день рождéния.
У И́ры день рождéния веснóй, двáдцать пéрвого мáрта.

б) **О себé** Jeder von euch schreibt seinen Namen und seinen Geburtstag auf einen Zettel. Einer fragt die Klasse, die anderen versuchen, zunächst den Monat zu erraten. Danach fragen sie nach dem Tag.
★ Когдá у меня́ день рождéния?
★ В апрéле? В январé? ★ Пéрвого апрéля? Пятнáдцатого апрéля?

в) Erstellt einen Geburtstagskalender auf Russisch für die ganze Klasse.

Пе́ред чте́нием.
Seht euch zuerst die Strategie auf Seite 83 an, bevor ihr die Texte lest.

Люби́мые пра́здники

S 81, 82

1 Но́вый год

Ве́чером 31-го декабря́ Ве́рочка не идёт спать, а ждёт пода́рок от Де́да Моро́за и Снегу́рочки. И́ра и Ве́рочка украша́ют ёлку. Ма́ма и па́па смо́трят телеви́зор. Президе́нт поздравля́ет с Но́вым го́дом, жела́ет здоро́вья, сча́стья и всего́ хоро́шего. Вот и Но́вый год! Ура́! Все сидя́т за пра́здничным столо́м.

2 14-ое февраля́

14-го февраля́, в День свято́го Валенти́на, Ле́на получа́ет SMS и еме́йлы. Покло́нники да́рят ей цветы́ и пода́рки. Но она́ ждёт пода́рок то́лько от одного́ молодо́го челове́ка. Он да́рит ей то́лько оди́н цвето́к, но она́ о́чень ра́да.

S 83, 84

3 8-ое ма́рта

8-го ма́рта, в Же́нский день, Макс, его́ брат Ди́ма и па́па гото́вят ма́ме сюрпри́з. Э́то пра́здничный обе́д и ма́ленький конце́рт. Они́ поздравля́ют ма́му с пра́здником, да́рят ей цветы́ и жела́ют сча́стья. 8-о́е ма́рта – выходно́й день.

4 День врача́

Ма́ма Ви́ти – врач. В тре́тье воскресе́нье ию́ня у неё профессиона́льный пра́здник – День врача́. Пацие́нты поздравля́ют её с пра́здником и жела́ют ей всего́ до́брого.

1 Како́й пра́здник вы лю́бите?

Расскажи́те: Welche Feste feiert ihr auch? Welche kennt ihr nicht? Welche Feste feiert ihr anders? Welche russischen Festtagstraditionen gefallen euch besonders?

2 Стратéгия – Wörter erschließen

Keine Angst vor neuen Wörtern: Mit folgenden Tipps versteht ihr mehr, als ihr glaubt.

Tipps, um unbekannte Wörter zu erschließen:

1. Seht euch Überschrift, Illustrationen und Fotos zu Texten an. Sie verraten oft, worum es geht.
2. Schaut zuerst, ob ihr Wörter findet, die eurer Muttersprache oder einer anderen Fremdsprache ähneln, z. B. янвáрь – Januar, апрéль – April.
3. Oft findet ihr im Text bekannte Wörter in neuer Bedeutung, z. B. Нóвый год (нóвый – neu; год – Jahr) → Neujahr.
4. Manche Wörter versteht ihr, weil ihr schon ähnliche Wörter der gleichen Wortfamilie kennt: z. B. они́ прáзднуют – sie feiern, weil прáздник Feiertag bedeutet.
5. Wenn ihr einen Teil des Textes verstanden habt, könnt ihr dadurch weitere Wörter erschließen, z. B. в мáрте и́ли в апрéле = веснóй – im Frühling.

Beachtet zusätzlich:

Wenn ihr ein Wort nicht erschließen könnt, seht in der Wortliste im Anhang des Buches nach.

Erschließt die vier Texte auf S. 82 in kleinen Schritten. Ihr werdet sie schnell verstehen.

а) Jeweils vier Schüler bilden eine Gruppe. Erschließt die neuen Wörter von Text 1. Geht dabei so vor:

1. Erstellt eine Tabelle nach folgendem Muster.

Unbekanntes Wort	Deutsche Bedeutung	Wie habe ich es erschlossen?
янвáрь	Januar	Deutsch
■	■	■
■	■	

2. Tragt die unbekannten Wörter des Textes in die Tabelle ein.
3. Lest euch die unbekannten Wörter nochmals genau durch, betrachtet das Bild zum Text und lest die Überschrift.
4. Übertragt zuerst alle Wörter ins Deutsche, die ihr mithilfe der Tipps 1 bis 5 erschließen könnt. Tragt die deutsche Bedeutung in die Tabelle ein und vermerkt, mit welcher Methode ihr das Wort erschlossen habt.
5. Schlagt nun die Wörter im Wörterverzeichnis nach, die ihr nicht selbst erschließen konntet. Konjugierte Verben setzt ihr dafür zuerst in den Infinitiv. Von den deklinierten Substantiven bildet ihr zuvor den Nominativ.
6. Vergleicht nun die übersetzten Wörter der einzelnen Gruppen und eure Vorgehensweise bei der Übersetzung.

б) Erschließt mit derselben Methode die Texte 2 bis 4.

3 К те́ксту 5

а) Како́й э́то пра́здник?

1. Пацие́нты жела́ют врачу́ всего́ хоро́шего. Э́то ■.
2. Э́тот пра́здник в феврале́. Э́то ■.
3. Ве́рочка ждёт пода́рок от Де́да Моро́за и Снегу́рочки. Э́то ■.
4. Макс, Ди́ма и па́па гото́вят ма́ме сюрпри́з. Э́то ■.

б) Jeder von euch bildet drei Rätsel wie in Aufgabe a). Спроси́те друг дру́га.

4 На пра́здник 6

а) Поста́вьте глаго́лы на пра́вильное ме́сто. (Fügt die Verben an der richtigen Stelle ein.)

поздравля́ть | жела́ть | дари́ть

- ■: цветы́, пода́рки, игру́
- ■: с пра́здником, с днём рожде́ния, с Но́вым го́дом
- ■: сча́стья, здоро́вья, всего́ хоро́шего

б) Соста́вьте предложе́ния.

» Я поздравля́ю ба́бушку с Но́вым го́дом.

L 27 5 Поздравля́ю!

а) Послу́шайте те́ксты. Допо́лните табли́цу.

б) Послу́шайте ещё раз. Кто поздравля́ет кого́? С чем поздравля́ет? Что да́рит?

	Кто?	Кого́?	С чем?	Что да́рит?
1.	■	■	■	■
2.	■	■	■	■
3.	■	■	■	■
4.	■	■	■	■

6 С пра́здником! 7

а) Прочита́йте предложе́ния. Испра́вьте оши́бки.
- Алёна пи́шет На́де.
- У На́ди день рожде́ния.
- На́дя жела́ет Алёне здоро́вья.

б) У ва́шего (euer) ру́сского дру́га день рожде́ния. Вы поздравля́ете его́ по телефо́ну. (... am Telefon.) Что вы говори́те? Übt eure Geburtstagswünsche mit eurem Partner ein. Ihr könnt sie auch mit einem Mikrofon aufnehmen.

* **в)** Schreibt und gestaltet eine Glückwunschkarte zu einem Fest.

Дорогая Алёна!
Поздравляю тебя с Днём рождения.
Желаю тебе всего хорошего, счастья, успехов!
Целую. Надя

Пода́рки

S 85 **1** Ви́тя и его́ брат А́лекс до́ма. А́лекс гото́вит ко́лу со льдо́м. Э́то их люби́мый напи́ток. Ви́тя чита́ет еме́йлы и отвеча́ет на них. Ско́ро у его́ однокла́ссницы, А́ни, день рожде́ния. На её дне рожде́ния Ви́тя обы́чно игра́ет на гита́ре. Но Ви́тя е́дет в го́сти к па́пе в Берли́н. Поэ́тому он пи́шет ей e-mail и поздравля́ет её.

S 86 **2**

Ви́тя: А́лекс, А́ня хо́чет в пода́рок футбо́лку и CD с поп-му́зыкой. Где их купи́ть?
А́лекс: В це́нтре, коне́чно. Ви́тя, я то́же хочу́ купи́ть пода́рок ма́ме. У неё ско́ро день рожде́ния. А у меня́ ещё нет пода́рка для неё, нет Кремля́, и рису́нка то́же нет.
Ви́тя: А ты хо́чешь купи́ть … Кремль?
А́лекс: Нет, я хочу́ купи́ть ма́ме кни́гу о Кремле́ и́ли рису́нок.
Ви́тя: Да нет, что ты! Интеракти́вная програ́мма о Москве́ намно́го лу́чше.

Витя, привет! Ты ещё в Москве? Я приглашаю тебя ко мне на День рождения. Вечеринка у меня дома, 1-го июня, в 6 часов. Пока. Аня.

Аня, привет! С днём рождения! Вечеринка, к сожалению, без меня. Я еду в гости к отцу. Что ты хочешь в подарок из Берлина? Витя.

Да, жаль … Я хочу в подарок футболку с символом Берлина и CD с поп-музыкой. Аня.

S 87 **3** Ве́чером А́лекс звони́т отцу́ в Берли́н и расска́зывает о Москве́.

Па́па: На́уман.
А́лекс: Па́па, приве́т! Ты зна́ешь, мы сего́дня бы́ли в го́роде и гуля́ли по це́нтру.
Па́па: А где вы бы́ли? И кто мы?
А́лекс: Я, Ви́тя и его́ подру́га И́ра. Она́ расска́зывала нам о ста́ром го́роде. А пото́м мы ходи́ли в ГУМ и я там купи́л пода́рок для ма́мы.

1 К тéксту 8, 9

а) Скажи́те, кто э́то.
1. У неё день рождéния.
2. Он éдет в гóсти в Берли́н.
3. Он хóчет купи́ть подáрки в Москвé.
4. Онá расскáзывает о стáрой Москвé.
5. Они́ гуля́ли по цéнтру.

б) Что э́то? Скажи́те, для когó подáрок.

2 Я хочу́ … § 41 10

а) Састáвьте предложéния с глагóлом «(не) хотéть» и напиши́те их.
➤ Я (не) хочу́ ду́мать о шкóле.

ду́мать о шкóле | гуля́ть с собáкой | занимáться спóртом | катáться на скейтбóрде | дéлать урóки | смотрéть телеви́зор

хотéть	
я	хочу́
ты	хóчешь
он/онá	хóчет

б) **О себé** Скóро суббóта и воскресéнье. Что ты (не) хóчешь дéлать? Notiere dazu vier Dinge. Geht in der Klasse herum und tauscht euch darüber mit mindestens drei Mitschülern aus. Mit wem habt ihr die meisten Gemeinsamkeiten?
➤ Я хочу́ читáть и Ян тóже хóчет читáть.

3 По следáм … § 42

Die Formen егó, её, их kennt ihr schon als Personalpronomen. Diese Wörter sind gleichzeitig auch Possessivpronomen. Übersetzt die Sätze ins Deutsche und findet die Bedeutungen von егó, её, их. Ersetzt anschließend – wie im Beispiel – das Possessivpronomen.
➤ И́ра и **её** сестрá Вéрочка в гóроде. (сестрá Ири́ны)
1. И́ра и Лéна на концéрте. На сцéне игрáет ■ люби́мая грýппа.
2. Ви́тя и ■ брат А́лекс дóма.
3. Ви́тя и А́лекс готóвят кóлу со льдóм. Э́то ■ люби́мый напи́ток.

4 Егó – её – их

Допóлните.
1. брат Ви́ти = ■
2. сюрпри́з Лéны и Мáкса = ■
3. сестрá Ири́ны = ■
4. отéц Ири́ны и Вéрочки = ■
5. кни́га учи́теля = ■
6. подрýга Ви́ти и А́лекса = ■
7. подáрок мáмы = ■
8. друг А́лекса = ■

5 День рождéния Ни́ны 11

а) Перепиши́те текст и допóлните егó. Setzt die passenden Possessivpronomen ein.
У Ни́ны сегóдня день рождéния. У неё дóма сегóдня вечери́нка. ■ одноклáссники идýт к ней в гóсти, поздравля́ют её с днём рождéния и желáют ей всегó хорóшего. Они́ дáрят ей подáрки. Э́то – ■ люби́мые конфéты, ■ люби́мая кни́га «Гáрри Пóттер» и CD ■ люби́мой грýппы. ■ подáрки прóсто сýпер.

б) Что дáрят одноклáссники Ни́не?

6 По следа́м …
§ 43 12

Schaut die nebenstehenden Wörter in der Wortliste, S. 112–113, nach. Worauf müsst ihr bei der Deklination achten?

пода́рок | лёд | напи́ток | цвето́к | оте́ц | рису́нок

7 Игра́
13

Einer von euch würfelt den Kasus (1 = Nominativ, 2 = Genitiv usw.). Der andere sagt, von welchem Wort aus Aufgabe 6 er den gewürfelten Kasus bilden soll. Dann tauscht ihr die Rollen.

8 Так говоря́т и пи́шут: Поздравле́ние и приглаше́ние
10, 11

!

Поздравле́ние	**Приглаше́ние**
Anrede:	**Anlass:**
Дорого́й Ми́ша! / Дорога́я Ка́тя!	Приглаша́ю тебя́ ко мне на день рожде́ния.
Дороги́е Ка́тя и Ми́ша!	Приглаша́ю вас на вечери́нку.
Glückwunsch:	**Ort:**
Поздравля́ю тебя́ с днём рожде́ния!	Вечери́нка у меня́ до́ма/в кафе́ «Плане́та».
Поздравля́ю вас с Но́вым го́дом!	Вечери́нка в клу́бе «Пирами́да».
Wünsche:	**Zeit:**
Жела́ю тебе́/вам всего́ хоро́шего:	Вечери́нка 20-го ию́ня, в 17 часо́в.
сча́стья, здоро́вья, успе́ха.	
Schlussformel (für Briefe):	
Целу́ю, А́ня Пока́, А́ня	

а) Прочита́йте еме́йлы из те́кста Б ещё раз.
– Кто приглаша́ет кого́?
– Куда́ и когда́?
– Как он отвеча́ет?

* **б)** Jetzt seid ihr an der Reihe: Jeder von euch schreibt eine Einladungskarte zu einem Fest. Legt alle Karten auf einen Tisch. Jeder von euch zieht eine Karte.
Dann schreibt ihr dem Absender einen Brief, in dem ihr mitteilt, dass ihr nicht kommen könnt. Vergesst nicht, ihm zum Fest zu gratulieren.

9 По-ру́сски

Während eines Austauschs in Moskau sind Erik und du zum Geburtstag von Ljuba eingeladen. Erik kann kein Russisch. Daher musst du dolmetschen.

Лю́ба: Приве́т! Du: ■
Э́рик: Hallo! Wir wünschen dir alles Gute zum Geburtstag, vor allem Glück und Erfolg. Du: ■
Лю́ба: Спаси́бо, ребя́та! Я о́чень ра́да, что вы здесь! Du: ■
Э́рик: Wir haben hier ein Geschenk für dich. Du: ■
Лю́ба: Ой, спаси́бо! Что э́то? Э́то DVD и́ли шокола́дка? Du: ■
Э́рик: Das ist eine Überraschung. Du: ■
Лю́ба: Ва́у! Футбо́лка из Берли́на! Спаси́бо, ребя́та! Дава́йте к пра́здничному столу́! Du: ■

10 По следа́м … § 44

Im Russischen wird das Präteritum anders gebildet als im Deutschen. Die Endung des Verbs richtet sich im Singular nach dem Genus und im Plural nach der Zahl des Subjekts.

а) Seht Mischkas Zettel an. Wie heißen die Präteritumendungen der männlichen, weiblichen und sächlichen Singularformen sowie der Pluralformen?

б) Допо́лните. Ми́шка игра́■. Та́ня игра́■. Ребя́та игра́■.

11 Они́ бы́ли в го́роде

Допо́лните.

1. Он купи́■ пода́рок.
2. Они́ ходи́■ в ГУМ.
3. Она́ расска́зыва■ о Москве́.
4. Они́ гуля́■ по це́нтру.
5. Ве́чером он звони́■ па́пе.
6. Они́ бы́■ в го́роде.

Die Präteritumformen von быть (sein) musst du dir besonders einprägen: был, была́, бы́ло, бы́ли.

12 Он и́ли она́? 14

Sagt, welche der folgenden Sätze von einem Jungen und welche von einem Mädchen gesprochen wurden.

1. Я писа́л e-mail. 2. Я чита́ла кни́гу. 3. Я игра́л на гита́ре. 4. Я поздравля́ла её.

13 Цепо́чка

Arbeitet in drei Gruppen. Schüler 1 sagt, was er am Wochenende gemacht hat. Schüler 2 wiederholt, was gesagt wurde, und fügt hinzu, was er selbst gemacht hat. Usw.

★ В суббо́ту я игра́л на гита́ре. ★ В суббо́ту Фе́ликс игра́л на гита́ре, а я писа́ла e-mail. …

14 Что они́ де́лали? 15

а) Посмотри́те на карти́нки. Что де́лали ребя́та?

L 28 б) Послу́шайте те́ксты. Vergleicht mit euren Ergebnissen aus a).

Каки́е пода́рки хотя́т получи́ть де́ти?

1. Каки́е пода́рки хотя́т получи́ть де́ти? Каки́е подро́стки?

   а) Прочита́йте. Welche Geschenke wünschen sich die Kinder und welche die Jugendlichen?

   б) Каки́е пода́рки вы хоти́те получи́ть?

   в) Führt in eurer Klasse – entsprechend der angegebenen Statistik – eine Umfrage durch: Welche Geschenke möchtet ihr bekommen? Vergleicht eure Wünsche mit denen der russischen Kinder und Jugendlichen.

S 88 2. Singt das Lied „С днём рожде́ния тебя́". Es wird wie „Happy birthday to you" gesungen.

С днём рожде́ния тебя́! С днём рожде́ния тебя́!
С днём рожде́ния, дорого́й Ми́шка! С днём рожде́ния тебя́!

1 подро́стки Jugendliche – **2 игру́шки** Spielzeug – **3 трансфо́рмеры** Spielzeugroboter – **4 маши́нки** Matchbox-autos – **5 развива́ющие и́гры** Lernspiele – **6 констру́кторы** Baukästen – **7 ку́клы** Puppen – **8 коньки́** Schlittschuhe – **9 игровы́е набо́ры** Spiele-Sets – **10 насто́льные и́гры** Brettspiele – **11 де́ньги** Geld – **12 програ́ммное обеспе́чение** Software – **13 други́е** andere

Подгото́вка к ТРКИ

1 Вы уже хорошо знаете русский язык? ▸ лексика/грамматика

а) Выберите правильный вариант и дополните предложения.

б) Begründet eurem Partner gegenüber eure Entscheidung.

1. Как ■ эта площадь? **(называется, зовут)**
2. Моя бабушка плохо ■. **(слышит, слушает)**
3. Вы завтра ■ в центр города? **(ездите, едете)**
4. Ты часто ■ в кино? **(идёшь, ходишь)**
5. Мы поздравляем ■ с праздником. **(тебе, тебя)**
6. Это ■ дедушка? **(твой, твоя, твоё)**
7. У меня очень ■ хобби. **(интересный, интересная, интересное)**
8. Лена сегодня в ■ футболке. **(красивая, красивой, красивую)**
9. У Иры нет ■ учебника. **(этого, этом, этот)**
10. Ты играешь ■ гитаре? **(с, на, в)**
11. Я часто занимаюсь ■. **(фитнеса, фитнесом, фитнесе)**
12. Вечером мы играем ■. **(волейбол, с волейболом, в волейбол)**
13. Мама часто звонит ■. **(бабушки, бабушке, бабушку)**
14. Это Лиза и ■ подруга Таня. **(ей, её, неё)**
15. Где вы ■ вчера? **(был, была, были)**

L 29, 30 ◎

2 Диалоги ▸ аудирование

Послушайте диалоги и найдите правильные ответы.

а) Идём вместе?

▲ Дима говорит
1. с Колей.
2. с Петей.
3. с Витей.

▲ Ребята занимаются
1. музыкой.
2. фитнесом.
3. теннисом.

▲ Они едут в город
1. на метро.
2. на трамвае.
3. на автобусе.

б) Что мне идёт?

▲ Лена в магазине вместе
1. с Ирой.
2. с Надей.
3. с Верой.

▲ Лене нравится
1. зелёный
2. красный
3. чёрный

} цвет.

▲ Шарф стоит
1. ■ рублей.
2. ■ рубля.
3. ■ рублей.

3 Объявления ▸ чтение

Прочитайте объявления. (... Annoncen.) Welche Aussage in den weißen Kästchen ist richtig?

Внимание!
Класс 8 «Б» приглашает вас на капустник. Мы ждём вас завтра вечером в 19 часов в актовом зале школы.

На капустник приглашает/приглашают
★ директор школы.
★ ученики.
★ родители.

Дорогие школьники!
Вы любите поп-музыку и рэп? Тогда мы вас ждём в нашем новом клубе! Улица Смирнова, 32. Тел. 413-69-84.

В клубе можно
★ играть в теннис.
★ играть на гитаре.
★ играть на компьютере.

Всё для детей!
Магазин «Игрушки» работает без перерыва, 24 часа.

В этом магазине можно купить
★ игры и книги.
★ хлеб и масло.
★ шампанское и кофе.

4 Билеты в кино ▸ письмо

У вас есть два билета в кино (... Eintrittskarten ...).
Напишите другу SMS и сообщите ему (teilt ihm mit):
- что у вас есть эти билеты,
- что вы завтра идёте в кино,
- как называется фильм,
- где и когда вы его ждёте,
- сколько стоит билет.

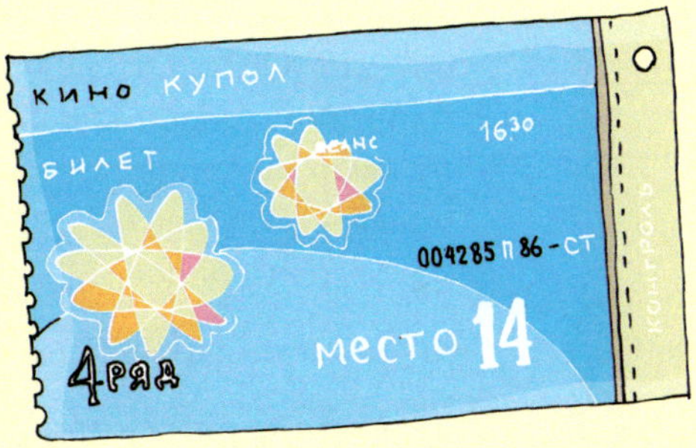

5 Друзья ▸ говорение

Подготовьте сообщение (Bericht) на тему: Я и мой друг (минимум 10–12 предложений).
Verwendet die folgenden Fragen als Anregung für euren Bericht:
- Как зовут тебя и твоего друга?
- Сколько тебе лет? Сколько лет другу?
- Сколько лет ты его уже знаешь?
- Ты ученик? А твой друг?
- Как называется твоя школа? Где она находится?
- В какую школу ходит твой друг?
- В какой класс вы ходите?
- Какие предметы (Fächer) ты любишь? А какие любит твой друг?
- Какие языки ты изучаешь в школе? А твой друг?
- Что вы любите делать в свободное время?
- Чем вы занимаетесь?
- Что тебе нравится в твоём друге?

Deklination der Substantive im Singular

	I. Deklination					II. Deklination	
	Maskulina			Neutra		Feminina	
	hart unbelebt	belebt	weich belebt	hart	weich	hart	weich
Nom.	учéбник	учени́к	учи́тель	окнó	варéнье	газéта	недéля
Gen.	учéбника	ученикá	учи́теля	окнá	варéнья	газéты	недéли
Dat.	учéбнику	ученикý	учи́телю	окнý	варéнью	газéте	недéле
Akk.	учéбник	ученикá	учи́теля	окнó	варéнье	газéту	недéлю
Instr.	учéбником	ученикóм	учи́телем	окнóм	варéньем	газéтой	недéлей
Präp.	об учéбнике	об ученикé	об учи́теле	об окнé	о варéнье	о газéте	о недéле

Die Präpositionen (nach Kasus geordnet)

Kasus	Präposition	Beispiel
Genitiv	без – *ohne* для – *für* (Person) до – *bis* (Ort, Zeit) из – *aus* (Ort) напрóтив – *gegenüber* (Ort) от – *von* (Absender, Ort) пóсле – *nach* (Zeit) у – *bei* (Ort), *haben*	Вечери́нка **без меня́**. Э́то подáрок **для** мáм**ы**. **До** теáтр**а** ещё далекó. **До** ýжин**а** я дóма. Я **из** Берли́н**а**. Музéй нахóдится **напрóтив** пóчт**ы**. Э́то письмó **от** Кóл**и**. Э́то спрáва **от** окн**á**. **Пóсле** шкóл**ы** я отдыхáю. Я **у** Ми́ш**и**. **У** Ли́з**ы** есть брат.
Dativ	к – *zu* (Richtung, Zeit)	Я идý **к** врач**ý**. **К** ýжин**у** все дóма.
Akkusativ	в – *in, nach, am* (Richtung, Zeit) на – *auf, in, zu* (Richtung) чéрез – *über* (Richtung)	Я идý **в** кин**ó**. Я лечý **в** Ри́г**у**. **В** срéд**у** прáздник. Я смотрю́ **на** гóст**я**. Я идý **на** концéрт/**на** пóчт**у**. Мы идём **чéрез** ýлиц**у**.
Instrumental	с – *mit* (gemeinsam)	Я говорю́ **с** учи́тел**ем**.
Präpositiv	в – *in* (Ort, Zeit) на – *auf, in* (Ort) о – *über* (Inhalt)	Я живý **в** гóрод**е**. **В** мá**е** экскýрсия. Журнáл лежи́т **на** стол**é**. Я живý **на** э́т**ой** ýлиц**е**. Мы говори́м **о** Москв**é**.

Deklination der Adjektive und Ordnungszahlen im Singular und Nominativ Plural

<table>
<tr><th></th><th colspan="3">Adjektive mit hartem Stammauslaut</th><th colspan="3">Ordnungszahlen mit hartem Stammauslaut</th></tr>
<tr><td>Sg.</td><td>maskulin</td><td>neutral</td><td>feminin</td><td>maskulin</td><td>neutral</td><td>feminin</td></tr>
<tr><td>Nom.</td><td>но́вый</td><td>но́вое</td><td>но́вая</td><td>пе́рвый</td><td>пе́рвое</td><td>пе́рвая</td></tr>
<tr><td>Gen.</td><td colspan="2">но́вого</td><td>но́вой</td><td colspan="2">пе́рвого</td><td>пе́рвой</td></tr>
<tr><td colspan="7">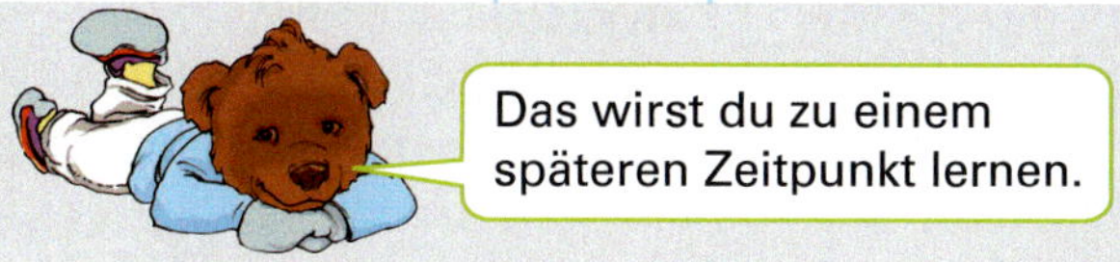</td></tr>
<tr><td>Präp.</td><td colspan="2">но́вом</td><td>но́вой</td><td colspan="2">пе́рвом</td><td>пе́рвой</td></tr>
<tr><td>Nom. Pl.</td><td colspan="3">но́вые</td><td colspan="3">пе́рвые</td></tr>
</table>

Deklination der Personalpronomen

<table>
<tr><td>Nom.</td><td>я</td><td>ты</td><td>он оно́</td><td>она́</td><td>мы</td><td>вы</td><td>они́</td></tr>
<tr><td>Gen.</td><td>меня́</td><td>тебя́</td><td>(н)его́</td><td>(н)её</td><td>нас</td><td>вас</td><td>(н)их</td></tr>
<tr><td>Dat.</td><td>мне</td><td>тебе́</td><td>(н)ему́</td><td>(н)ей</td><td>нам</td><td>вам</td><td>(н)им</td></tr>
<tr><td>Akk.</td><td>меня́</td><td>тебя́</td><td>(н)его́</td><td>(н)её</td><td>нас</td><td>вас</td><td>(н)их</td></tr>
<tr><td colspan="8">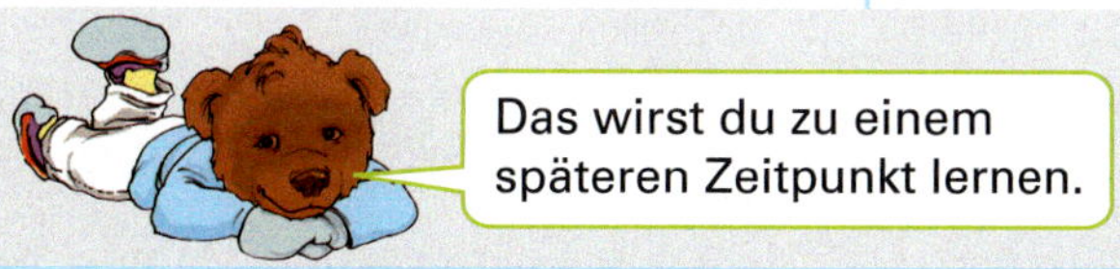</td></tr>
</table>

Nach Präpositionen wird den Pronomen der 3. Person ein н- vorangestellt, z. B. с ним.

Deklination des Demonstrativpronomens э́тот im Singular und Nominativ Plural

<table>
<tr><th></th><th colspan="3">Singular</th><th>Plural</th></tr>
<tr><td></td><td>maskulin</td><td>neutral</td><td>feminin</td><td>alle Geschlechter</td></tr>
<tr><td>Nom.</td><td>э́тот</td><td>э́то</td><td>э́та</td><td>э́ти</td></tr>
<tr><td>Gen.</td><td colspan="2">э́того</td><td>э́той</td><td></td></tr>
<tr><td colspan="5"></td></tr>
<tr><td>Präp.</td><td colspan="2">об э́том</td><td>об э́той</td><td></td></tr>
</table>

Gebrauch der Kasus

Kasus	Gebrauchsweise	Beispiel	
Nominativ	• grammatisches Subjekt • Prädikatsnomen	**Ученик** читает текст. Мой папа – **учитель.**	Der Schüler liest den Text. Mein Vati ist Lehrer.
Genitiv	• Angabe der Zugehörigkeit • *haben*: у + G. des Besitzers • nach Verneinungen *mit* нет • nach Präpositionen • nach 2–4, 22–24, ... • Datumsangabe: *am* ... • Objekt bei Verben	Э́то **учéбник** Ири́н**ы.** **У Лýкаса** есть брат. Сегóдня И́р**ы нет.** У меня́ **нет** сестр**ы́.** Лéна **из** Москв**ы́.** У меня́ **два** брáт**а.** **Пéрвого мáя** я дóма. **Желáю** здорóвь**я.**	Das ist Irinas Lehrbuch. Lukas hat einen Bruder. Heute ist Ira nicht da. Ich habe keine Schwester. Lena ist aus Moskau. Ich habe zwei Brüder. Am 1. Mai bin ich zu Hause. Ich wünsche Gesundheit.
Dativ	• Objekt bei Verben • nach Präpositionen • Altersangabe	Я **помогáю** И́р**е.** Я идý **к** Бори́с**у.** Мáкс**у 14 лет.**	Ich helfe Ira. Ich gehe zu Boris. Max ist 14 Jahre alt.
Akkusativ	• Objekt bei Verben • Richtungsangabe: в/на ... • Wochentag: *am* ... • Uhrzeit: *um* ...	Я **читáю** газéт**у.** Мы **éдем в** Берли́н. Вечери́нка **в срéду.** Я был у тебя́ **в** час.	Ich lese Zeitung. Wir fahren nach Berlin. Die Party ist am Mittwoch. Ich war um 1 Uhr bei dir.
Instru-mental	• Objekt bei Verben • Angabe des Mittels • Jahreszeit: *im* ... • nach Präpositionen	Я **занимáюсь** мýзык**ой.** Я пишý **рýчкой.** **Зимóй** я мнóго читáю. Я говорю́ **с** Кáт**ей.**	Ich beschäftige mich mit Musik. Ich schreibe mit dem Füller. Im Winter lese ich viel. Ich spreche mit Katja.
Präpositiv	• nach Präpositionen • Ortsangabe: в/на ... • Monatsangabe: *im* ...	Я пишý **о** шкóл**е.** Я живý **в** столи́ц**е.** **В мáе** у нас гóсти.	Ich schreibe über die Schule. Ich wohne in der Hauptstadt. Im Mai haben wir Gäste.

Die Kasus bei ausgewählten Verben

Kasus	Verb	Beispiel	
Genitiv	ждать желáть	Я **жду** автóбус**а.** Я **желáю** тебé счáсть**я.**	Ich warte auf einen Bus. Ich wünsche dir Glück.
Dativ	звони́ть идти́ к помогáть	Я **звоню́** бáбушк**е.** Я **идý к** врач**ý.** Я **помогáю** брáт**у.**	Ich rufe die Großmutter an. Ich gehe zum Arzt. Ich helfe dem Bruder.
Akkusativ	готóвить знать игрáть в идти́ летéть	Я **готóвлю** чай. Я **знáю** учи́тельниц**у.** Я **игрáю в** футбóл. Я **идý в** теáтр. Сегóдня я **лечý в** Гáмбург.	Ich mache Tee. Ich kenne die Lehrerin. Ich spiele Fußball. Ich gehe ins Theater. Heute fliege ich nach Hamburg.

Akkusativ	люби́ть опа́здывать поздравля́ть покупа́ть смотре́ть в учи́ть	Я **люблю́** э́тот го́род. Я **опа́здываю в** шко́л**у**. Я **поздравля́ю тебя́**. Я **покупа́ю** газе́т**у**. Я **смотрю́ в** окн**о́**. Я **учу́** текст ске́тча.	Ich liebe diese Stadt. Ich komme zu spät in die Schule. Ich gratuliere dir. Ich kaufe die Zeitung. Ich schaue aus dem Fenster. Ich lerne den Text des Sketches.
Dat. + Akk.	дари́ть звони́ть	Я **дарю́** сестр**е́** кни́г**у**. Я **звоню́** И́р**е** **в** Москв**у́**.	Ich schenke der Schwester das Buch. Ich rufe Ira in Moskau an.
Instrumental	занима́ться писа́ть поздравля́ть	Я **занима́юсь** му́зык**ой**. Я **пишу́** карандаш**о́м**. Я **поздравля́ю с** успе́х**ом**.	Ich beschäftige mich mit Musik. Ich schreibe mit dem Bleistift. Ich gratuliere zum Erfolg.
Präpositiv	е́здить жить игра́ть на ката́ться на лежа́ть	Я **е́зжу на** маши́н**е**. Я **живу́ в** го́род**е**. Я **игра́ю на** гита́р**е**. Я **ката́юсь на** маши́не. Кни́га **лежи́т в** су́мк**е**.	Ich fahre Auto. Ich wohne in der Stadt. Ich spiele Gitarre. Ich fahre Auto. Das Buch liegt in der Tasche.

Häufig auftretende Verben

быть – sein: был, была́, бы́ло, бы́ли
встава́ть – aufstehen: встаю́, встаёшь
гото́вить – vorbereiten, kochen: гото́в**л**ю, гото́вишь, гото́вят
дари́ть – schenken: дарю́, да́ришь, да́рят
е́здить – fahren *(unbest.)*: е́**зж**у, е́здишь, е́здят
е́хать – fahren *(best.)*: е́ду, е́дешь
ждать + A. od. G. – warten *auf*: жду, ждёшь
жить – wohnen, leben: живу́, живёшь
занима́ться + I. – sich beschäftigen: занима́ю**сь**, занима́ешь**ся**
идти́ – gehen *(best.)*: иду́, идёшь
лежа́ть – liegen: лежу́, лежи́шь, лежа́т
лете́ть – fliegen *(best.)*: ле**ч**у́, лети́шь
люби́ть – lieben, mögen, gern haben: люб**л**ю́, лю́бишь
называ́ться – heißen (*nicht* Personen): называ́ет**ся**, называ́ются
писа́ть + I. – schreiben *mit*: пи**ш**у́, пи́**ш**ешь
сиде́ть – sitzen: си**ж**у́, сиди́шь
смотре́ть в/на + A. – anschauen, betrachten: смотрю́, смо́тришь
спать – schlafen: сп**л**ю, спишь; спал, спала́
стоя́ть – stehen: стою́, стои́шь
учи́ть – lernen: учу́, у́чишь
ходи́ть – gehen, herumgehen *(unbest.)*: хо**ж**у́, хо́дишь
хоте́ть – wollen: хо**ч**у́, хо́**ч**ешь, хо́**ч**ет

ТРКИ 1

1 Вы уже хорошо знаете русский язык?

1. Ребята **играют** на компьютере.
2. Ученик **сидит** в классе.
3. Моя сестра – **учительница**.
4. Вы сейчас идёте в **школу**?
5. Мы часто думаем о **сестре**.
6. Я очень **люблю** музыку.
7. Макс уже в **библиотеке**.

2 Где они разговаривают?

1. Они разговаривают **в кафе**. 2. Они разговаривают **в музее**. 3. Они разговаривают **дома**.

3 Разговор по телефону

1. Люба **дома**.
2. Лена говорит **о концерте**.
3. В субботу в школе тоже **концерт**.
4. Люба идёт **в школу и на стадион**.
5. Лена звонит **в четверг**.
6. Тест о Шиллере **во вторник**.

4 Как дела?

1. Здравствуй, Надя! Как дела? – **Так себе.**
2. Оля ещё ученица? – **Нет, она уже работает.**
3. Меня зовут Рита. – **Очень приятно.**
4. Мне уже пора! – **До свидания! До завтра!**

ТРКИ 2

1 Вы уже хорошо знаете русский язык?

1. Как **называется** эта площадь?
2. Моя бабушка плохо **слышит**.
3. Вы завтра **едете** в центр города?
4. Ты часто **ходишь** в кино?
5. Мы поздравляем **тебя** с праздником.
6. Это **твой** дедушка?
7. У меня очень **интересное** хобби.
8. Лена сегодня в **красивой** футболке.
9. У Иры нет **этого** учебника.
10. Ты играешь **на** гитаре?
11. Я часто занимаюсь **фитнесом**.
12. Вечером мы играем **в волейбол**.
13. Мама часто звонит **бабушке**.
14. Это Лиза и **её** подруга Таня.
15. Где вы **были** вчера?

2 Диалоги

а) Идём вместе?
1. Дима говорит **с Петей**.
2. Ребята занимаются **фитнесом**.
3. Они едут в город **на автобусе**.

б) Что мне идёт?
1. Лена в магазине вместе **с Надей**.
2. Лене нравится **чёрный** цвет.
3. Шарф стоит **60 рублей**.

3 Объявления

1. На капустник приглашают **ученики.**
2. В клубе можно **играть на гитаре**.
3. В этом магазине можно купить **игры и книги**.

Ле́ксика к уро́кам / Lektionsbegleitendes Vokabular

Das lektionsbegleitende Vokabular hilft dir beim selbstständigen Lernen der neuen Wörter. In der linken Spalte stehen die obligatorischen[1] (fett gedruckt) und rezeptiven[2] (nicht fett gedruckt) Wörter in der Reihenfolge, in der sie in der Lektion vorkommen.

Zu vielen Wörtern gibt es in blau gedruckte Beispielsätze, mit denen du die Vokabeln im Zusammenhang lernen kannst. Zusätzlich gibt es graue Kästen mit sortiertem Themenwortschatz, der dir das Lernen erleichtert. In den gelben Kästen findest du die wichtigste Grammatik der Lektion. Neben der Überschrift steht der entsprechende Paragraf, unter dem du im Grammatischen Beiheft weitere Informationen nachschlagen kannst.

In jedem Lektionsteil findest du in grünen Kästen Wörter, die leicht verständlich sind, weil du sie aus deiner Erstsprache oder aus anderen Sprachen ableiten kannst. Wenn du für die Wörter, die nicht übersetzt sind, Hilfe brauchst, kannst du auf Seite 113 nachschlagen. Achten musst du vor allem auf Aussprache und Schreibung. Aus diesen Wörtern kannst du dir deinen persönlichen Wortschatz (Мой личный словарь) zusammenstellen.

Am Ende des Vokabulars findest du noch eine Liste mit allen Arbeitsanweisungen, Personennamen und geografischen Bezeichnungen, die im Lehrbuch vorkommen.

Abkürzungen und Symbole

m.	maskulin (männlich)	*best.*	bestimmt
n.	neutral (sächlich)	*unbest.*	unbestimmt
f.	feminin (weiblich)	*Imp.*	Imperativ
Sg.	Singular	*Dim.*	Diminutiv (Verkleinerungsform)
Pl.	Plural	*Pers.*	Person
Nom.	Nominativ	*ugs.*	umgangssprachlich
Gen.	Genitiv	*indekl.*	indeklinabel (nicht deklinierbar)
Dat.	Dativ	*wörtl.*	wörtlich
Akk.	Akkusativ		
Instr.	Instrumental		
Präp.	Präpositiv		

= Synonym   ≠ Antonym   > Wortfamilie

1 **obligatorisch** Wörter, die du lernen musst – 2 **rezeptiv** Wörter, die du verstehen musst

коне́чно [-ешно] — natürlich, *auch: ugs.* Na klar!

Уро́к 1

уро́к — Lektion, Unterrichtsstunde

Приве́т, Росси́я!

Приве́т! — Hallo!
Росси́я — Russland

Старт

ну — nun
Дава́йте! — Los geht's!, Auf geht's!
Ми́шка — Mischka *(Name des Maskottchens)*
меня́ зову́т — ich heiße *(wörtl.: mich nennt man)*
Меня́ зову́т Ми́шка. — Ich heiße Mischka.
А тебя́? — Und du? *(wörtl.: Und dich?)*
а — und *(als Gegensatz)*
цепо́чка — *hier:* Kettenübung

Росси́я – Герма́ния

Герма́ния — Deutschland
ма́ма — Mama, Mutti
теа́тр — Theater
ка́рта — (Land-)Karte

Что э́то?

что? — was?
э́то — das ist, dies ist
Что э́то? — Was ist das?
самова́р — Samowar
балала́йка — Balalaika
матрёшка — Matrjoschka *(Holzpuppe mit ineinander gesteckten kleineren Puppen)*
ша́пка — Mütze
Э́то матрёшка. — Das ist eine Matrjoschka.
А э́то ша́пка. — Und das ist eine Mütze.
юла́ — (Holz-)Kreisel
зву́ки *Pl.* — Laute

Кто э́то?

кто? — wer?
Кто э́то? А э́то кто? — Wer ist das? Und wer ist das?
ребя́та — junge Leute, Jugendliche
нет — nein
да — ja
≠ нет — ≠ nein
о себе́ — über sich selbst

Меня́ зову́т ...

я — ich
как? — wie?
тебя́ зову́т — du heißt *(wörtl.: dich nennt man)*
Как тебя́ зову́т? — Wie heißt du?
и́ли — oder

Хо́бби

хо́бби *n., indekl.* — Hobby
гита́ра — Gitarre
скейтбо́рд — Skateboard
компью́тер — Computer
борщ — Rote-Bete-Suppe
мо́да — Mode
фи́тнес — Fitness
моро́женое — (Speise-)Eis
пиани́но *n., indekl.* — Klavier
ло́шади *Pl.* — Pferde
спаге́тти *Pl.* — Spaghetti
га́мбургер — Hamburger, *hier:* Fastfood
аутса́йдер — Außenseiter

Москва́

рестора́н — Restaurant
библиоте́ка — Bibliothek

Мой ли́чный слова́рь

старт, сувени́ры, кака́о, те́ма, такт, но́та, ха́ос, су́мма, тра́ктор, мото́р, торт, банк, ка́сса, контине́нт, ко́фе

Евро́па – Europa, А́зия – Asien, алфави́т – Alphabet, е́вро – Euro, шкату́лка – Schatulle, карат́э – Karate, апте́ка – Apotheke, по́чта – Post, объе́кт – Objekt, субъе́кт – Subjekt

Уро́к 2

Старт: Кафе́ «Плане́та»

кафе́ *n., indekl.*	Café
фо́то *n., indekl.*	Foto
Как дела́?	Wie geht's?
учи́тель / учи́тельница	Lehrer(in)
Здра́вствуй! [-аств-]	Guten Tag!, Grüß dich!
Здра́вствуй, Ле́на!	Grüß dich, Lena!
До́брый день!	Guten Tag!
хорошо́	gut
спаси́бо	danke
До свида́ния!	Auf Wiedersehen!
До за́втра!	Bis morgen!
ты	du
норма́льно	normal
одноклáссник / однокла́ссница	Mitschüler(in)
она́	sie *(3. Pers. Sg.)*
Она́ – однокла́ссница.	Sie ist eine Mitschülerin.
сосе́д / сосе́дка	Nachbar(in)
о́чень	sehr
прия́тно	angenehm
мне *Dat.*	mir
то́же	auch
Пока́!	Tschüss!
Пока́-пока́! *ugs.*	Tschüss!
До́брый ве́чер!	Guten Abend!
Здра́вствуйте! [-аств-]	Guten Tag! Seid gegrüßt!
так говоря́т	so sagt man
До́брое у́тро!	Guten Morgen!
так себе́	es geht so,
ничего́ [-ево]	*hier:* so lala

Текст А: Что ещё?

ещё	noch
Что ещё?	Was noch?
не	nicht
Э́то не рестора́н, э́то кафе́.	Das ist kein Restaurant, das ist ein Café.
он	er
далеко́	weit
Э́то о́чень далеко́.	Das ist sehr weit.
лу́чше	besser
Э́то лу́чше.	Das ist besser.
мо́жет быть	vielleicht
су́пер	super
иде́я	Idee
Э́то су́пер иде́я.	Das ist eine super Idee.
так	also, so
где?	wo?
Где кафе́?	Wo ist das Café?
оно́	es
Где оно́?	Wo ist es?

Das Geschlecht der Substantive §1

он	оно́	она́
Макси́м	у́тро	Ири́на
сосе́д	ма́сло	сосе́дка
учи́тель	пюре́	учи́тельница
чай	кафе́	иде́я

же	denn
вот	da (ist), hier (ist)
Вот кафе́!	Da ist das Café!
Вот оно́!	Da ist es.
там	dort (ist)
Там И́ра.	Dort ist Ira.
пожа́луйста [-лус-]	bitte
≠ спаси́бо	≠ danke
сала́т	Salat
Мне́, пожа́луйста, сала́т.	Für mich, bitte, einen Salat.
касси́р	Kassierer(in)
лимона́д	Limonade
хлеб	Brot

всё *n.*	alles
Э́то всё?	Ist das alles?
щи *Pl.*	Schtschi *(Kohlsuppe)*
и	und
пельме́ни *Pl.*	Pelmeni *(gefüllte Teigtaschen)*
ма́сло	*hier:* Butter
квас	Kwass *(alkoholfreies Getränk)*
пюре́ *n., indekl.*	(Kartoffel-)Püree
сок	Saft
я́блоко	Apfel

Упражне́ния А

к те́ксту	zum Text
страте́гия	Strategie
стадио́н	Stadion
рюкза́к	Rucksack
авто́бус	Autobus
телефо́н	Telefon
кефи́р	Kefir
такси́ *n., indekl.*	Taxi
Интерне́т	Internet
кино́ *n., indekl.*	Kino
президе́нт	Präsident(in)
журна́л	Zeitschrift
журнали́ст / журнали́стка	Journalist(in)
футбо́л	Fußball
метро́ *n., indekl.*	U-Bahn, Metro
шко́ла	Schule
пробле́ма	Problem
чай *m.*	Tee
по следа́м ...	auf den Spuren ...

Мой ли́чный слова́рь

гуля́ш, плане́та, пи́цца, ра́дио, суп, бюро́, докуме́нт, календа́рь, прое́кт, шни́цель, компо́т

сце́на – Szene, со́ус – Soße, бульо́н – Bouillon/Kraftbrühe, юри́ст – Jurist(in), шашлы́к – Schaschlik/Fleischspieß, омле́т – Omelett/Eierkuchen, инжене́р – Ingenieur(in), капучи́но – Cappuccino, рекла́ма – Reklame/Werbung, колла́ж – Collage

Текст Б: Что де́лать?

Что де́лать?	Was (ist zu) tun?
интере́сно	interessant
Э́то интере́сно.	Das ist interessant.
музыка́нт	Musiker
газе́та	Zeitung
письмо́	Brief

Der Nominativ Plural §3

	он		оно́	она́
Sg. Pl.	журна́л журна́л**ы**	сок со́к**и**	письм**о́** пи́сьм**а**	газе́т**а** газе́т**ы**

тури́ст	Tourist
Он тури́ст.	Er ist ein Tourist.
гитари́ст	Gitarrist
> гита́ра	> Gitarre
ско́ро	bald
конце́рт	Konzert
мо́жно?	darf man?, ist es erlaubt?
мы	wir
Извини́те!	Entschuldigt! / Entschuldigen Sie!
Извини́те, пожа́луйста.	Entschuldigt/Entschuldigen Sie bitte.
Алло́?	Hallo? *(am Telefon)*

Die Grundzahlen 1 – 10 §2

оди́н	eins	шесть	sechs
два	zwei	семь	sieben
три	drei	во́семь	acht
четы́ре	vier	де́вять	neun
пять	fünf	де́сять	zehn

опя́ть	wieder, noch einmal
вы	ihr/Sie
они́	sie *(3. Pers. Pl.)*

Die Personalpronomen §7

	Singular	Plural
1. Pers.	я	мы
2. Pers.	ты	вы
3. Pers.	он, она́, оно́	они́

кни́га	Buch
уже́	schon
пора́	es ist Zeit
Мне пора́.	Es ist Zeit für mich (zu gehen).
моби́льник	Handy
ой!	oh!
но́мер	Nummer
па́па	Papa, Vati
дом	Haus, *hier:* Telefonnummer zu Hause
плюс	plus
+7 …	*Vorwahl für Russland*

Упражне́ния Б

фильм	Film
ри́фма	Reim
по-ру́сски	auf Russisch

Уро́к 3

Старт: Шко́ла № 3

№ (номер)	Nr. (Nummer)
охра́нник	Wachmann
кабине́т информа́тики	Computerraum
Вот кабине́т информа́тики.	Da ist der Computerraum.
же	*hier:* doch
понеде́льник	Montag
у́тром	morgens, am Morgen
эй!	he!
здесь	hier
≠ там	≠ dort
де́лать	tun, machen
де́лаю, де́лаешь, де́лают	
чита́ть	lesen
e-mail; *Pl.* **еме́йлы**	E-Mail
до́ма	zu Hause
Где ма́ма?	Wo ist Mama?
Она́ до́ма.	Sie ist zu Hause.
рабо́тать	arbeiten
про́сто	einfach
Э́то о́чень про́сто!	Das ist sehr/ganz einfach!
игра́ть	spielen
А́ня рабо́тает?	Arbeitet Anja?
Нет, она́ игра́ет.	Nein, sie spielt.
Вот как!	Sieh mal einer an!
знать	wissen, kennen
Я не зна́ю.	Ich weiß nicht.
де́лать уро́ки *nur Pl.*	Hausaufgaben machen
ла́дно	schon gut, OK

Die Verben der **e**-Konjugation	§§ 8, 9
	де́лать
я	де́ла**ю**
ты	де́ла**ешь**
он/она́	де́ла**ет**
мы	де́ла**ем**
вы	де́ла**ете**
они́	де́ла**ют**

Мой ли́чный слова́рь

гардеро́б, специали́ст

медкабине́т – Krankenstation

Текст А: На уро́ке

на *(+ Akk./Präp.)*	in/im, auf
Они́ на уро́ке.	Sie sind im Unterricht.
Он игра́ет на компью́тере.	Er spielt (Computerspiele) am Computer.
сего́дня [сиво-]	heute

Die Wochentage		§ 17
понеде́льник	в понеде́льник	am Montag
вто́рник	во вто́рник	am Dienstag
среда́	в сре́ду	am Mittwoch
четве́рг	в четве́рг	am Donnerstag
пя́тница	в пя́тницу	am Freitag
суббо́та	в суббо́ту	am Samstag
воскресе́нье	в воскресе́нье	am Sonntag

стоя́ть	stehen
стою́, стои́шь, стоя́т	
в *(+ Akk./Präp.)*	in/im

в теа́тре, в кафе́, в библиоте́ке, в шко́ле	im Theater, im Café, in der Bibliothek, in der Schule
говори́ть	sprechen
говорю́, говори́шь, говоря́т	
о *(+ Präp.)*	über, von
Они́ говоря́т о Москве́/Берли́не.	Sie sprechen über Moskau/Berlin.
идти́	gehen
иду́, идёшь, иду́т	
Ребя́та иду́т на конце́рт.	Die Jugendlichen gehen in ein Konzert.
звоно́к	Klingel(zeichen), Läuten
пе́рвый	der erste
сейча́с	jetzt, gleich
неме́цкий язы́к	die deutsche Sprache/ Deutsch
учени́к/учени́ца	Schüler(in)
сиде́ть	sitzen
сижу́, сиди́шь, сидя́т	
Ребя́та сидя́т в кафе́.	Die Jugendlichen sitzen im Café.
класс	Klasse, Klassenzimmer
Учи́тель стои́т в кла́ссе.	Der Lehrer steht in der Klasse.
писа́ть	schreiben
пишу́, пи́шешь, пи́шут	
> письмо́	> Brief
стол	Tisch
Что там на столе́?	Was ist dort auf dem Tisch?
э ...	Äh ...
отдыха́ть	sich erholen, sich ausruhen
Они́ отдыха́ют до́ма.	Sie erholen sich zu Hause.
но	aber, jedoch
информа́тика	Informatik
учи́ть	lernen
учу́, у́чишь, у́чат	
> учени́к/учени́ца	> Schüler/in
> учи́тель/-ница	> Lehrer/in
Они́ у́чат неме́цкий язы́к.	Sie lernen die deutsche Sprache.
гм [м]	hm
рефера́т	Referat
на ру́сском (языке́)	in russischer Sprache/ auf Russisch
на неме́цком (языке́)	in deutscher Sprache/ auf Deutsch
то́лько	nur
смотре́ть	anschauen, betrachten
смотрю́, смо́тришь, смо́трят	
Они́ смо́трят фильм о Москве́.	Sie schauen einen Film über Moskau an.

Упражне́ния А

пра́вильно	richtig
непра́вильно	nicht richtig, falsch
≠ пра́вильно	≠ richtig
Пра́вильно и́ли непра́вильно?	Richtig oder falsch?
мой *m.*	mein
ве́чером	abends, am Abend
игра́	Spiel
> игра́ть	> spielen
музе́й	Museum
Они́ в музе́е.	Sie sind im Museum.
о ком?	über wen?
О ком они́ говоря́т?	Über wen sprechen sie?
о чём?	worüber?
О чём ты говори́шь?	Worüber sprichst du?
ду́мать	denken
О ком ты ду́маешь?	An wen denkst du?
стихи́ *Pl.*	Gedicht, Verse

Die Verben der и-Konjugation §§ 8, 11

	говори́ть
я	говор**ю́**
ты	говор**и́шь**
он/она́	говор**и́т**
мы	говор**и́м**
вы	говор**и́те**
они́	говор**я́т**

Мой ли́чный слова́рь

коридо́р, текст

Текст Б: Реферáт о Шúллере

разговóр по телефóну	Telefongespräch
> говорúть по телефóну	> telefonieren
трéнер	Trainer
знáчит	das bedeutet, das heißt
потóм	dann, danach
Сейчáс Кóстя дéлает урóки, а потóм он идёт в кинó.	Jetzt macht Kostja Hausaufgaben und danach geht er ins Kino.
тренирóвка	Training
> трéнер	> Trainer
Он идёт на тренирóвку.	Er geht zum Training.
Где Антóн?	Wo ist Anton?
Он на тренирóвке.	Er ist beim Training.
жаль	schade
Как жаль!	Wie schade!
окнó	Fenster
смотрéть в окнó	aus dem Fenster schauen
ýжас	entsetzlich, schrecklich
Э́то ýжас!	Das ist schrecklich!
всегдá	immer
помогáть	helfen
Интернéт всегдá помогáет.	Das Internet hilft immer.
литератýра	Literatur
любúть	lieben, mögen, gern haben
люблю́, лю́бишь, лю́бят	
Лéна лю́бит литератýру.	Lena mag Literatur.
моя́ *f.*	meine
сестрá	Schwester
Э́то моя́ сестрá.	Das ist meine Schwester.
минýточку *Akk., Dim.*	einen Moment, einen Augenblick *(wörtl.: ein Minütchen)*
SMS	SMS
Он пúшет SMS-ку.	Er schreibt eine SMS.
Молодéц!	Bravo!, Toll! *(wörtl.: Prachtkerl)*
решáть	lösen, entscheiden
Пáпа решáет проблéму.	Papa löst das Problem.

Упражнéния Б

пя́тый	der fünfte
внимáтельно	aufmerksam
неплóхо	nicht schlecht, gut
кудá?	wohin?
слýшать	hören, zuhören
мýзыка	Musik
> музыкáнт	> Musiker
Онú лю́бят слýшать мýзыку.	Sie hören gerne Musik.
осóбенно	besonders
совсéм	überhaupt, ganz, völlig
Э́то совсéм прóсто.	Das ist ganz einfach.
Онá о шкóле совсéм не дýмает.	Sie denkt überhaupt nicht an die Schule.

Die Ordnungszahlen 1–10	§ 16
пéрвый	(der) erste
вторóй	(der) zweite
трéтий	(der) dritte
четвёртый	(der) vierte
пя́тый	(der) fünfte
шестóй	(der) sechste
седьмóй	(der) siebte
восьмóй	(der) achte
девя́тый	(der) neunte
деся́тый	(der) zehnte

недéля	Woche
когдá?	wann?

Мой лúчный словáрь

студéнт(ка), SOS, грýппа, дискотéка

Урá! – Hurra!, Клáссно! – Klasse!

Урóк 4

Старт: Семья́ Ирúны

семья́	Familie
Семья́ – э́то пáпа, мáма и я.	(Unsere) Familie – das sind Papa, Mama und ich.
собáка	Hund

Die russischen Namen	§ 18
Familienname:	Лукина́
Vatersname:	Влади́мировна
Vorname:	Ири́на
Anrede:	И́ра, И́рочка

ох!	oh!
мно́го	viel
Ох, как мно́го!	Oh, wie viel das ist!
тру́дно	schwierig, schwer
≠ про́сто	≠ leicht, einfach
Ох, как тру́дно!	Oh, das ist (aber) schwer! / Oh, wie schwer das ist!
ничего́	*hier:* das macht nichts
у *(+ Gen.)*	bei
у шко́лы	bei der Schule
у рестора́на	bei dem Restaurant
у тебя́	du hast *(wörtl.: bei dir)*
есть	es gibt, es ist vorhanden

Die Wiedergabe von **haben**	§ 20
у меня́ (есть)	ich habe
у тебя́ (есть)	du hast
у + Besitzer (im Gen.) + **есть** + Besitz (im Nom.)	

У тебя́ есть соба́ка? – Да, есть.	Hast du einen Hund? – Ja.

Die Possessivpronomen		§ 19
m.	**n.**	**f.**
мой твой	моё твоё	моя́ твоя́

зада́ние	Aufgabe
учёбник	Lehrbuch
> учени́к	> Schüler
> учи́ть	> lernen
Э́то твой учёбник?	Ist das dein Lehrbuch?
па́пка	Schnellhefter, Aktenordner
ах!	ach!
каранда́ш	Bleistift
Э́то не мой каранда́ш.	Das ist nicht mein Bleistift.
лине́йка	Lineal
Где твоя́ лине́йка?	Wo ist dein Lineal?
пена́л	Federmappe
У меня́ в пена́ле есть каранда́ш и лине́йка.	Ich habe einen Bleistift und ein Lineal in der Federmappe.
ру́чка	Füller
да́же	sogar
и … и	sowohl … als auch
У меня́ есть и каранда́ш и ру́чка.	Ich habe sowohl einen Bleistift als auch einen Füller.
прекра́сно	hervorragend
= су́пер	= super
= кла́ссно	= klasse
Э́то прекра́сно!	Das ist hervorragend!
тепе́рь	jetzt
Тепе́рь я иду́ в шко́лу.	Jetzt gehe ich in die Schule.
Дава́й! *Imp. Sg.*	Los geht's!, Auf geht's!
> Дава́йте! *Imp. Pl.*	> Los geht's!, Auf geht's!
Дава́й де́лать рефера́т! – Ну, дава́й.	Lass uns das Referat machen! – Nun, gut./Einverstanden.

Мой ли́чный слова́рь
ма́ркер
ци́ркуль – Zirkel

Текст А: У Ири́ны пробле́мы

маши́на	Auto
Э́то маши́на па́пы.	Das ist Papas Auto.
про́бка	Stau
опа́здывать	sich verspäten
я́сно	klar
звони́ть *(+ Dat.)*	anrufen, telefonieren
звоню́, звони́шь, звоня́т	
Я звоню́ ма́ме/па́пе.	Ich rufe Mama/Papa an.
вме́сте	zusammen
Мы де́лаем уро́ки вме́сте.	Wir machen zusammen Hausaufgaben.

замеча́тельно	hervorragend, ausgezeichnet
са́дик *Dim.*	Kindergarten
откры́тие	Eröffnung
пока́з	Schau, Vorführung
ну и что?	na und?
к *(+ Dat.)*	zu
к до́му	zum Haus
к шко́ле	zur Schule
к окну́	zum Fenster
Я иду́ к Ма́ксу/И́ре.	Ich gehe zu Max/Ira.

Der Dativ der Substantive (1)	§ 21
Dativ mit oder ohne **к**	
m.	**f.**
Я помога́ю Ма́кс**у**.	Я помога́ю И́р**е**.
Я иду́ к Ма́кс**у**.	Я иду́ к И́р**е**.

че́стно [-сн-]	ehrlich, *hier:* fair
ня́ня	Kindermädchen
для *(+ Gen.)*	für
для сосе́дки	für die Nachbarin
для однокла́ссника	für den Mitschüler
Э́то для тебя́.	Das ist für dich.

Der Genitiv der Substantive (1)	§ 22
Genitiv nach **у, для, до, по́сле**	
m.	**f.**
у Ма́кс**а** до́ма	у Ири́н**ы** до́ма
кни́га для Ма́кс**а**	кни́га для Ири́н**ы**
По́сле конце́рт**а** ребя́та иду́т домо́й.	По́сле шко́л**ы** ребя́та иду́т домо́й.

вре́мя *n.*	Zeit
У меня́ есть вре́мя.	Ich habe Zeit.
забира́ть	abholen
домо́й	nach Hause
Я иду́ домо́й.	Ich gehe nach Hause.
настоя́щий друг	echter Freund
друг	Freund
подру́га	Freundin

Упражне́ния А

кому́?	wem?
Кому́ ты помога́ешь? – И́ре.	Wem hilfst du? – Ira.
К кому́ ты идёшь? – К подру́ге.	Zu wem gehst du? – Zur Freundin.
ко́шка	Katze
У меня́ есть ко́шка.	Ich habe eine Katze.

Мой ли́чный слова́рь

бале́т, моде́ль, систе́ма

бути́к – Boutique, диза́йнер – Designer(in), колле́кция – Kollektion

Текст Б: У тебя́ то́лько мо́да в голове́

голова́	Kopf
де́ти *Pl.*	Kinder
Де́ти ещё в шко́ле.	Die Kinder sind noch in der Schule.

Die Deklination der Personalpronomen (1) § 24			
Gen./Dat./Akk. der 3. Pers. Sg. und Pl.			
	он / оно́	**она́**	**они́**
Gen.	(н)его́	(н)её	(н)их
Dat.	(н)ему́	(н)ей	(н)им
Akk.	(н)его́	(н)её	(н)их

у́жинать	zu Abend essen
Сейча́с они́ у́жинают.	Jetzt essen sie zu Abend.
наве́рное	wahrscheinlich
ра́зве	etwa
её	ihr(e)
её подру́га	ihre Freundin
матема́тика	Mathematik
у нас	wir haben *(wörtl.: bei uns)*
У нас есть маши́на.	Wir haben ein Auto.
У нас сего́дня борщ.	Bei uns gibt es heute Borschtsch.

Die Deklination der Personalpronomen (2) § 24				
Gen./Dat./Akk. der 1. und 2. Pers. Sg. und Pl.				
	я	**ты**	**мы**	**вы**
Gen.	меня́	тебя́	нас	вас
Dat.	мне	тебе́	нам	вам
Akk.	меня́	тебя́	нас	вас

у́жин — Abendessen
> у́жинать — > zu Abend essen
Что сего́дня на у́жин? — Was gibt es heute zum Abendessen?
смета́на — saure Sahne
к сожале́нию — leider
Моро́женое есть? – К сожале́нию, нет. — Gibt es Eis? – Leider, nein.
Прия́тного аппети́та! — Guten Appetit!
час — Stunde, … Uhr
Он стои́т в про́бке уже́ час. — Er steht schon eine Stunde im Stau.
Уже́ час! — Es ist schon ein Uhr!
кото́рый час? — wie viel Uhr (ist es)?
Ты зна́ешь, кото́рый час? – Не зна́ю. — Weißt du, wie spät es ist? – Nein.
Извини́ меня́! — Entschuldigung! (*wörtl.:* entschuldige mich)
ско́лько? — wie viel?
лет *Gen. Pl. von* **год** — Jahre
Ско́лько тебе́ лет? – Мне́ 13 лет. — Wie alt bist du? – Ich bin 13 (Jahre alt).
ведь — doch
за́втра — morgen
Сего́дня суббо́та, а за́втра воскресе́нье. — Heute ist Samstag, und morgen ist Sonntag.

Упражне́ния Б

вы хо́дите — ihr geht
брат — Bruder
≠ сестра́ — ≠ Schwester
У меня́ есть брат и сестра́. — Ich habe einen Bruder und eine Schwester.
(г.) **го́род** — Stadt
год; *Gen. Sg.* **го́да** — Jahr

Das Substantiv nach den Grundzahlen 1–4 § 26			
1	оди́н	**год**	*Nom. Sg.*
2–4	два – четы́ре	**го́да**	*Gen. Sg.*
5–20	пять – два́дцать	**лет**	*Gen. Pl.*

мину́та — Minute
день *m.* — Tag
мой день — mein Tag/Tagesablauf
встава́ть — aufstehen
встаю́, встаёшь, встаю́т
обы́чно — gewöhnlich
Когда́ ты обы́чно встаёшь? — Wann stehst du gewöhnlich auf?
за́втракать — frühstücken
пра́вило — Regel
как пра́вило — in der Regel
обе́дать — zu Mittag essen
Мы за́втракаем, как пра́вило, до́ма, а обе́даем в шко́ле. — Wir frühstücken in der Regel zu Hause, aber zu Mittag essen wir in der Schule.
по́сле (*+ Gen.*) — nach
по́сле шко́лы, по́сле уро́ка — nach der Schule, nach der Unterrichtsstunde
ве́чер — Abend
> ве́чером — > abends, am Abend
роди́тели *Pl.* — Eltern
≠ де́ти — ≠ Kinder
ба́льные та́нцы *Pl.* — Standardtänze
гуля́ть — spazieren gehen
с Ча́рли — mit Charlie
спать — schlafen
сплю, спишь, спят
В 22 часа́ я уже́ сплю. — Um 22 Uhr schlafe ich schon.
ра́но — früh
≠ по́здно — ≠ spät
за́втрак — Frühstück
> за́втракать — > frühstücken
обе́д — Mittagessen
> обе́дать — > zu Mittag essen
кро́лик — Kaninchen
соба́ка — hier: @

Мой ли́чный слова́рь

чат, би́нго, те́хно

йо́гурт – Joghurt, майоне́з – Mayonnaise, шокола́дка – Schokoriegel, буфе́т – Büfett/Imbiss, ци́фра – Ziffer, Zahl, такси́ст – Taxifahrer

Уро́к 5

Старт: Свобо́дное вре́мя

свобо́дное вре́мя	Freizeit
свобо́дный, -ая, -ое, -ые	frei, Frei-
волейбо́л	Volleyball
баскетбо́л	Basketball
гимна́стика	Gymnastik, Turnen
сноубо́рдинг	Snowboarding
велоспо́рт	Radsport
и́мя *n.*	(Vor-)Name
Моё и́мя – Ка́тя.	Mein (Vor-)Name ist Katja.
на сего́дня	für heute
ух!	uff!
с *(+ Instr.)*	mit
са́хар	Zucker
лимо́н	Zitrone
Я люблю́ чай с лимо́ном.	Ich mag Tee mit Zitrone.
варе́нье	Konfitüre
Ты лю́бишь чай с варе́ньем?	Magst du Tee mit Konfitüre?
молоко́	Milch
Я люблю́ ко́фе с са́харом и с молоко́м.	Ich mag Kaffee mit Zucker und mit Milch.
чем?	womit?
Чем ты пи́шешь? – Ру́чкой.	Womit schreibst du? – Mit dem Füller.

Der Instrumental der Substantive (1)	§ 29
Instrumental mit und ohne **с**	
m.	**f.**
Она́ пи́шет карандашо́м.	Де́ти пи́шут ру́чкой.
Я игра́ю с бра́том.	Брат говори́т с сестро́й.
Он говори́т с учи́телем.	Тре́нер рабо́тает с Ка́тей.

занима́ться *(+ Instr.)*	sich beschäftigen, treiben
занима́юсь, занима́ешься, занима́ются	
Чем ты занима́ешься? – Я занима́юсь фи́тнесом.	Womit beschäftigst du dich? – Ich mache Fitness.
ча́сто	oft, häufig
спорт	Sport
ката́ться (на + *Präp.*)	(zum Vergnügen) fahren
ката́юсь, ката́ешься, ката́ются	
Мы ката́емся на скейтбо́рде.	Wir fahren Skateboard.
капу́стник	bunter Abend, *hier:* Schulkabarett
с кем?	mit wem?
С кем ты игра́ешь в те́ннис?	Mit wem spielst du Tennis?

Мой ли́чный слова́рь

те́ннис [тэ-], хокке́й, шо́пинг

дзюдо́ – Judo, интерне́т-сёрфинг – Internet-Surfen

Текст А: Капу́стник

про́сто класс	einfach klasse
како́й, -а́я, -о́е, -и́е?	was für ein?, welcher?
краси́вый, -ая, -ое, -ые	schön, hübsch
костю́м	Kostüm, Anzug
раз	mal
ещё раз	noch einmal
необы́чный, -ая, -ое, -ые	ungewöhnlich

грамма́тика	Grammatik
изуча́ть	lernen, studieren
бы́стро	schnell
но́вый, -ая, -ое, -ые	neu
пальто́ *n., indekl.*	Mantel
беда́	Unglück, Not
лежа́ть	liegen
лежу́, лежи́шь, лежа́т	
большо́й, -а́я, -о́е, -и́е	groß
сце́нка [сцэ-]	(Theater-)Szene
ма́ленький, -ая, -ое, -ие	klein
≠ большо́й	≠ groß

Упражне́ния А

ру́сский, -ая, -ое, -ие	russisch
кого́? *Akk. (= Gen.)*	wen?

Мой ли́чный слова́рь

дире́ктор, рэп, грипп

репети́ция – Probe/Theaterprobe

Текст Б: Сюрпри́з

широ́кий, -ая, -ое, -ие	weit, breit

Farben

бе́лый, -ая, -ое, -ые – weiß
голубо́й, -а́я, -о́е, -ы́е – hellblau
жёлтый, -ая, -ое, -ые – gelb
зелёный, -ая, -ое, -ые – grün
кори́чневый, -ая, -ое, -ые – braun
кра́сный, -ая, -ое, -ые – rot
ро́зовый, -ая, -ое, -ые – rosa
чёрный, -ая, -ое, -ые – schwarz

брю́ки *Pl.*	Hose, Hosen
У И́ры но́вые брю́ки.	Ira hat eine neue Hose.
руба́шка	Hemd
ке́пка	Kappe, Schirmmütze
сви́тер	Pullover
ю́бка	Rock
ту́фли *Pl.*	Schuhe
шу́тка	Scherz
тогда́	so, dann
джи́нсы *Pl.*	Jeans
футбо́лка	T-Shirt
шарф	Schal
сце́на [сцэ-]	Bühne
петь	singen
пою́, поёшь, пою́т	
Ему́ он (костю́м) идёт.	Er (der Anzug) steht ihm gut.
смешно́й, -а́я, -о́е, -ы́е	lustig, komisch
удивля́ться	staunen, sich wundern
удивля́юсь, удивля́ешься, удивля́ются	
здо́рово	großartig

Упражне́ния Б

оде́жда	Kleidung
сло́во	Wort
цвет; *Pl.* **цвета́**	Farbe
игра́ в ко́сти	Würfelspiel
ко́сти *Pl.*	*hier:* Würfel

Мой ли́чный слова́рь

сюрпри́з, рэ́пер, мо́дный, хор, скетч [скэ-], ко́микс

а́ктовый зал – Aula

Уро́к 6

Старт: Добро́ пожа́ловать в Москву́!

добро́ пожа́ловать (в + *Akk.*)	herzlich willkommen (in)
Добро́ пожа́ловать в Москву́/Берли́н!	Herzlich willkommen in Moskau/Berlin!
Москва́-река́	Moskwa (Fluss)
бе́рег; *Präp.* **на берегу́**	Ufer
на берегу́ Москвы́-реки́	am Moskwa-Ufer
пло́щадь *f.*	Platz
Кра́сная пло́щадь	Roter Platz
си́мвол	Symbol
столи́ца	Hauptstadt

Кремль – си́мвол столи́цы.	Der Kreml ist das Symbol der Hauptstadt.
достопримеча́тельность *f.*	Sehenswürdigkeit

Достопримеча́тельности Москвы́

Большо́й теа́тр – Bolschoi-Theater
Кремль *m.* – Kreml
Кра́сная пло́щадь – Roter Platz
Москва́-Си́ти – Moskau-City *(Bürokomplex)*
Дом Прави́тельства РФ – Regierungssitz der RF (Russische Föderation)
Храм Христа́ Спаси́теля – Christi-Erlöser-Kathedrale
Домоде́дово – Flughafen in Moskau
Мавзоле́й Ле́нина – Lenin-Mausoleum
Парк Культу́ры – Freizeitpark in Moskau
Охо́тный Ряд – Moskauer Metrostation und Kaufhaus
Храм Васи́лия Блаже́нного – Basilius-Kathedrale
ГУМ = Гла́вный Универса́льный Магази́н – bekanntes Moskauer Kaufhaus
Царь-пу́шка – Zarenkanone
Царь-ко́локол – Zarenglocke
Тверска́я – Hauptstraße im Moskauer Zentrum
Истори́ческий музе́й – Historisches Museum
Арба́т – Straße in Moskau

С прие́здом!	Willkommen! *(wörtl.: zur Ankunft)*
сво́дный брат	Stief-, Halbbruder
А́лекс – сво́дный брат Ви́ти.	Sascha ist der Stiefbruder von Witja.
жить	wohnen, leben
живу́, живёшь, живу́т	
Ви́тя живёт в Москве́.	Witja wohnt in Moskau.
лета́ть *unbest.*	fliegen
лета́ю, летаёшь, лета́ют	
Они́ ча́сто лета́ют в Берли́н.	Sie fliegen oft nach Berlin.
самолёт	Flugzeug
нра́виться	gefallen
Кремль мне о́чень нра́вится.	Der Kreml gefällt mir sehr (gut).
лете́ть *best.*	fliegen
лечу́, лети́шь, летя́т	
Куда́ вы за́втра лети́те? – Мы лети́м в Берли́н.	Wohin fliegt ihr morgen? – Wir fliegen nach Berlin.
ба́бушка	Großmutter, Oma
де́душка	Großvater, Opa
е́хать *best.*	fahren
е́ду, е́дешь, е́дут	
Куда́ ты е́дешь? – Я е́ду в центр го́рода.	Wohin fährst du? – Ich fahre ins Stadtzentrum.
аэропо́рт;	Flughafen
Präp. **в аэропорту́**	auf dem Flughafen
е́здить *unbest.*	fahren
е́зжу, е́здишь, е́здят	
Он лю́бит е́здить на маши́не.	Er fährt gerne mit dem Auto.
час пик	Hauptverkehrszeit *(wörtl.: Spitzenzeit)*
поэ́тому	deshalb, deswegen
ждать кого́/что *(+ Akk.)*	warten
жду́, ждёшь, жду́т	
Я жду́ тебя́.	Ich warte auf dich.
ходи́ть *unbest.*	gehen
хожу́, хо́дишь, хо́дят	
зал	Saal, *hier:* Halle
по *(+ Dat.)*	in, durch
Он хо́дит по за́лу.	Er geht in der Halle auf und ab.
наконе́ц	endlich, schließlich
ко́мната	Zimmer

Текст А: В метро́

со́ня	Schlafmütze
центр	Zentrum
центр го́рода	Stadtzentrum
москви́ч/москви́чка	Moskauer(in)
> Москва́	> Moskau
Он живёт в Москве́.	Er lebt in Moskau.
Он – москви́ч.	Er ist Moskauer.
вперёд	vorwärts, *hier:* los
продавщи́ца	Verkäuferin
слу́шать	hören
Он слу́шает му́зыку.	Er hört Musik.
покажи́/те *Imp. Sg./Pl.*	zeig/zeigt, zeigen Sie

Покажи́те (мне), пожа́луйста, журна́л.	Zeigen Sie (mir) bitte die Zeitschrift.
сто́ить	kosten
ру́бль *m.*; *Gen. Sg.* **рубля́**; *Gen. Pl.* **рубле́й**	Rubel
Ско́лько э́то сто́ит? – Э́то сто́ит оди́н ру́бль, два (три, четы́ре) рубля́, пять (– два́дцать) рубле́й.	Wieviel kostet das? – Das kostet 1 Rubel, 2 (3, 4) Rubel, 5 (– 20) Rubel.
да́й / те *Imp. Sg./Pl.*	gib/gebt, geben Sie
Да́йте мне, пожа́луйста, кни́гу.	Geben Sie (mir) bitte, das Buch.
за *(+ Akk.)*	*hier:* für
за 32 рубля́	für 32 Rubel
покупа́ть	kaufen
В суббо́ту я всегда́ покупа́ю неме́цкий журна́л в кио́ске.	Samstags kaufe ich immer eine deutsche Zeitschrift am Kiosk.
снача́ла	zuerst, zunächst
да́льше	weiter
до *(+ Gen.)*	bis
до теа́тра	(bis) zum Theater
лю́ди *Pl.*; *Gen. Pl.* люде́й	Leute, Menschen
мно́го люде́й	viele Leute
В метро́ мно́го люде́й.	In der Metro sind viele Leute.
глубоко́	tief
смотри́ *Imp. Sg.*	schau mal
по́езд	Zug
Наш по́езд идёт.	Unser Zug kommt.
слы́шать	(zufällig) hören, vernehmen
Осторо́жно!	Achtung! Vorsicht!
Две́ри закрыва́ются!	Die Türen schließen!
А́лекса нет.	Alex ist nicht da.

Die Wiedergabe von *(nicht) sein* § 36

его́ нет	er ist nicht da
её нет	sie ist nicht da
их нет	sie sind nicht da

нет + Substantiv oder Pronomen im **Genitiv**

Упражне́ния А

трамва́й	Straßenbahn
тролле́йбус	O(berleitungs)-Bus
велосипе́д	Fahrrad
е́хать на велосипе́де	mit dem Fahrrad fahren
электри́чка	Vorortbahn, S-Bahn
е́хать на электри́чке	mit der Vorortbahn fahren
маршру́тка	Sammeltaxi, Linienkleinbus
е́хать на маршру́тке	mit dem Sammeltaxi fahren
пешко́м	zu Fuß
идти́ пешко́м	zu Fuß gehen
ми́нус	minus
≠ плюс	≠ plus
счита́ть [щи-]	rechnen, zählen
бу́дет	*hier:* ist gleich *(mathematisch)*
Оди́н плюс два бу́дет три.	Eins plus zwei ist gleich drei.

Мой ли́чный слова́рь

кио́ск, пассажи́р

схе́ма – Schema/Plan/Übersicht, ваго́н – Waggon, тра́нспорт – Verkehrsmittel

Текст Б: В це́нтре Москвы́

платфо́рма	Bahnsteig
По́езд уже́ стои́т на платфо́рме.	Der Zug steht schon am Bahnsteig.
споко́йно	ruhig
обра́тно	zurück
из *(+ Gen.)*	aus, von … her
из шко́лы	aus der Schule
из рестора́на	aus dem Restaurant
Вы из Москвы́/Берли́на?	Kommt ihr aus Moskau/Berlin?
с удово́льствием	gern *(wörtl.: mit Vergnügen)*
Идём вме́сте? – С удово́льствием.	Gehen wir zusammen (hin)? – Gern.

ита́к	also, nun
гла́вный, -ая, -ое, -ые	Haupt-
Вот гла́вная пло́щадь.	Da ist der Hauptplatz.
ви́деть	sehen
ви́жу, ви́дишь, ви́дят	
знамени́тый, -ая, -ое, -ые	berühmt
зда́ние	Gebäude
называ́ться	heißen
он/она́ называ́ется, они́ называ́ются	
э́тот, э́та, э́то, э́ти	dieser, diese, dieses, diese
собо́р	Kathedrale
Э́то знамени́тый собо́р.	Das ist eine berühmte Kathedrale.
сле́ва (от + *Gen.*)	links (von)
≠ спра́ва (от + *Gen.*)	≠ rechts (von)
сле́ва от собо́ра	links von der Kathedrale
напро́тив *(+ Gen.)*	gegenüber
напро́тив шко́лы	gegenüber der Schule
напро́тив рестора́на	gegenüber dem Restaurant
Как дойти́ до (+ *Gen.*)?	Wie kommt man zu …?
вход	Eingang
иди́/те *Imp. Sg./Pl.*	geh/geht, gehen Sie
туда́	dahin, dorthin
напра́во	nach rechts
≠ нале́во	≠ nach links
пря́мо	geradeaus
Иди́те пря́мо!	Gehen Sie geradeaus!
че́рез *(+ Akk.)*	über, durch
парк	Park
че́рез парк	durch den Park
находи́ться	sich befinden
он/она́ нахо́дится, они́ нахо́дятся	
Где нахо́дится Кра́сная пло́щадь?	Wo befindet sich der Rote Platz?
не́ за что	*hier:* keine Ursache, nichts zu danken
Спаси́бо большо́е! – Не́ за что.	Vielen Dank! – Keine Ursache.

Упражне́ния Б

универма́г	Kaufhaus
у́лица	Straße
Скажи́те, пожа́луйста …	Sagen Sie, bitte …
недалеко́ (от + *Gen.*)	nicht weit weg (von)
недалеко́ от собо́ра	nicht weit weg von der Kathedrale
ста́рый, -ая, -ое, -ые	alt
≠ но́вый	≠ neu

Мой ли́чный слова́рь

экску́рсия

истори́ческий – historisch

Уро́к 7

Старт: Пра́здники

пра́здник [-зн-]	Fest, Feiertag

Die Monatsnamen und die Jahreszeiten			
янва́рь *m.*	Januar	зима́	Winter
февра́ль *m.*	Februar	зимо́й	im Winter
март	März		
апре́ль *m.*	April	весна́	Frühling
май	Mai	весно́й	im Frühling
ию́нь *m.*	Juni		
ию́ль *m.*	Juli	ле́то	Sommer
а́вгуст	August	ле́том	im Sommer
сентя́брь *m.*	September		
октя́брь *m.*	Oktober	о́сень *f.*	Herbst
ноя́брь *m.*	November	о́сенью	im Herbst
дека́брь *m.*	Dezember		

Но́вый год	Neujahr, Silvester
Рождество́	Weihnachten
День свято́го Валенти́на	Valentinstag
день рожде́ния	Geburtstag
Же́нский день	Frauentag
Па́сха	Ostern

труд	Arbeit
Пра́здник Весны́ и Труда́	*hier:* Tag der Arbeit
врач	Arzt
трэк	Track
назва́ние	Name, Benennung
ме́сяц	Monat
число́	Zahl, *hier:* Datum

Die Angabe des Datums		§ 39
Сего́дня	1-ое/21-ое/31-ое 2-ое/22-ое 3-е/23-е	ма́рта.
Когда́?	1-го/2-го/3-го	ма́рта.

Текст А: Люби́мые пра́здники

люби́мый, -ая, -ое, -ые	Lieblings-
пода́рок; *Gen.* **пода́рка**	Geschenk
от (+ *Gen.*)	von
Дед Моро́з	Weihnachtsmann
Снегу́рочка	Schneeflöckchen, Schneemädchen
украша́ть	schmücken
ёлка	*hier:* Weihnachtsbaum
телеви́зор	Fernseher
смотре́ть телеви́зор	fernsehen
поздравля́ть кого́ с чем *(Akk., Instr.)*	(jmdm. zu etw.) gratulieren
Одноклáссники поздравля́ют А́ню с Но́вым го́дом.	Die Mitschüler gratulieren Anja zum Neuen Jahr.
жела́ть кому́ чего́ *(Dat., Gen.)*	(jmdm. etw.) wünschen
здоро́вье	Gesundheit
Жела́ю тебе́ здоро́вья!	Ich wünsche dir Gesundheit!
сча́стье	Glück
Мы жела́ем ему́ сча́стья.	Wir wünschen ihm Glück.
(жела́ть) всего́ хоро́шего	alles Gute (wünschen)
Макс жела́ет И́ре всего́ хоро́шего.	Max wünscht Ira alles Gute.
все *Pl.*	alle
за *(+ Instr.)*	an/am
пра́здничный, -ая, -ое, -ые	festlich
за пра́здничным столо́м	an der Festtafel
получа́ть	bekommen, erhalten
Мы получа́ем пода́рки.	Wir bekommen Geschenke.
покло́нник	Verehrer
дари́ть	schenken
дарю́, да́ришь, да́рят	
> пода́рок	> Geschenk
Ба́бушка да́рит мне моби́льник.	Die Oma schenkt mir ein Handy.
цвето́к; *Pl.* **цветы́**	Blume
молодо́й, -а́я, -о́е, -ы́е	jung
≠ ста́рый	≠ alt
челове́к; *Pl.* **лю́ди**	Mensch
рад(а) *m.(f.)*	froh, erfreut
Она́ о́чень ра́да.	Sie ist sehr froh.
гото́вить	vorbereiten
гото́влю, гото́вишь, гото́вят	
выходно́й день	Feiertag
всего́ до́брого	alles Gute

Упражне́ния А

успе́х	Erfolg
Жела́ю успе́ха!	Ich wünsche Erfolg!
целу́ю	*hier:* mit lieben Grüßen *(wörtl.: ich küsse)*

Текст Б: Пода́рки

гото́вить	zubereiten, machen, kochen
лёд; *Gen.* **льда́**	Eis
со льдо́м *Instr.*	mit Eis
их	ihr(e)
их ба́бушка	ihre Großmutter
напи́ток; *Gen.* **напи́тка**	Getränk
отвеча́ть / отве́тить	antworten
гость *m.*	Gast
идти́ в го́сти	besuchen

Die Possessivpronomen der 3. Person			§41
он → его́ она́ → её	= sein(e) = ihr(e) *Sg.*	его́/её/их	брат кни́га письмо́
они́ → их = ihr(e) *Pl.*			

приглаша́ть einladen
вечери́нка Party, Fest
оте́ц; *Gen.* **отца́** Vater
Ви́тя е́дет к отцу́. Witja fährt zum Vater.
хоте́ть wollen, mögen
я хочу́, ты хо́чешь, он/она́ хо́чет
Что ты хо́чешь в пода́рок? Was möchtest du als Geschenk?
купи́ть kaufen
И́ра хо́чет купи́ть цветы́. Ira möchte Blumen kaufen.
рису́нок; *Gen.* **рису́нка** Zeichnung
На рису́нке – Кремль. Auf der Zeichnung ist der Kreml.
намно́го um vieles, *hier:* viel
расска́зывать erzählen
быть sein

Упражне́ния Б

поздравле́ние Glückwunsch
> поздравля́ть > gratulieren, beglückwünschen
приглаше́ние Einladung
> приглаша́ть > einladen
Вот приглаше́ние на пра́здник. – Спаси́бо за приглаше́ние! Hier ist eine Einladung zum Fest. – Danke für die Einladung!

Мой ли́чный слова́рь

пацие́нт, CD [сиди́], поп-му́зыка, пирами́да интеракти́вный, програ́мма, клуб

профессиона́льный, -ая, -ое, -ые – professionell, beruflich, Berufs-, вау! – woah!

Ли́чный слова́рь – ключи́

Hier kannst du überprüfen, ob du die Wörter des ли́чный слова́рь in deinem persönlichen Wortschatz richtig übersetzt hast.

Уро́к 1: старт – Start, сувени́ры – Souvenirs, кака́о – Kakao, те́ма – Thema, такт – Takt, но́та – Note, ха́ос – Chaos, су́мма – Summe, тра́ктор – Traktor, мото́р – Motor, торт – Torte, банк – Bank, ка́сса – Kasse, контине́нт – Kontinent, ко́фе – Kaffee

Уро́к 2: гуля́ш – Gulasch, плане́та – Planet, пи́цца – Pizza, ра́дио – Radio, суп – Suppe, бюро́ – Büro, докуме́нт – Dokument, календа́рь – Kalender, прое́кт – Projekt, шни́цель – Schnitzel, компо́т – Kompott

Уро́к 3: гардеро́б – Garderobe, специали́ст – Spezialist, коридо́р – Korridor/Flur, текст – Text, студе́нт(ка) – Student(in), SOS – SOS, гру́ппа – Gruppe, дискоте́ка – Disko(thek)

Уро́к 4: ма́ркер – Textmarker, бале́т – Ballett, моде́ль – Model, систе́ма – System, чат – Chat, те́хно – Techno, би́нго –Bingo

Уро́к 5: те́ннис – Tennis, хокке́й – Hockey, шо́пинг – Shopping/Einkaufen, дире́ктор – Direktor, рэп – Rap, грипп – Grippe, сюрпри́з – Überraschung, рэ́пер – Rapper, мо́дный – modern, хор – Chor, скетч – Sketch, ко́микс – Comic

Уро́к 6: кио́ск – Kiosk, пассажи́ры – Passagiere/Reisende, экску́рсия – Exkursion

Уро́к 7: пацие́нт – Patient, CD – CD, поп-му́зыка – Popmusik, пирами́да – Pyramide, интеракти́вный – interaktiv, програ́мма – Programm, клуб – Klub

Алфави́тный слова́рь / Alphabetisches Wörterverzeichnis

In diesem alphabetischen Wörterverzeichnis findest du alle in Конечно! verwendeten Wörter und Ausdrücke. Die russisch-deutsche Wortliste dient dem Nachschlagen, die deutsch-russische Wortliste wird dir bei Schreibaufgaben helfen. Die Ziffern und Buchstaben hinter den Vokabeln geben den Ort an, an dem das Wort zum ersten Mal vorkommt.

Abkürzungen

Das Wort findest du zum ersten Mal im:

2С	Старт-Teil der Lektion 2
3ТА	A-Text der Lektion 3
4УА	Übungsteil (упражнения) zum A-Text der Lektion 4
5ТБ	Б-Text der Lektion 5
6УБ	Übungsteil (упражнения) zum Б-Text der Lektion 6

А

а У1 und *(als Gegensatz)*
а тебя́? У1 und du? *(wörtl.: und dich?)*
а́вгуст 7С August
авто́бус 2УА Autobus
а́ктовый зал 5ТБ Aula
Алло́? 2ТБ Hallo? *(am Telefon)*
алфави́т У1 Alphabet
апре́ль *m.* **7С** April
апте́ка У1 Apotheke
аутса́йдер У1 Außenseiter
ах! 4С ach!
аэропо́рт, *Präp.* **в аэропорту́** 6С Flughafen

Б

ба́бушка 6С Großmutter, Oma
балала́йка У1 Balalaika
бале́т 4ТА Ballett
ба́льные та́нцы *Pl.* 4УБ Standardtänze
банк У1 Bank
баскетбо́л 5С Basketball
беда́ 5ТА Unglück, Not
бе́лый, -ая, -ое, -ые 5ТБ weiß
бе́рег; *Präp.* **на берегу́ 6С** Ufer
библиоте́ка У1 Bibliothek
би́нго 4УБ Bingo (Spiel)
большо́й, -а́я, -о́е, -и́е 5ТА groß
борщ У1 Rote-Bete-Suppe
брат 4УБ Bruder
брю́ки *Pl.* **5ТБ** Hose, Hosen
бу́дет 6УА *hier:* ist gleich
бульо́н 2УА Bouillon, Kraftbrühe
бути́к 4ТА Boutique
буфе́т 4УБ Büfett, Imbiss
бы́стро 5ТА schnell
быть 7ТБ sein
бюро́ 2УА Büro

В

в *(+ Akk./Präp.)* **3ТА** in/im
в го́сти 7ТБ zu Gast sein
ваго́н 6ТА Waggon
варе́нье 5С Konfitüre
вау! 7УБ woah!
ведь 4ТБ doch
велосипе́д 6УА Fahrrad
велоспо́рт 5С Radsport
весна́ 7С Frühling
весно́й 7С im Frühling
ве́чер 4УБ Abend
вечери́нка 7ТБ Party, Fest
ве́чером 3УА abends, am Abend
ви́деть 6ТБ sehen
вме́сте 4ТА zusammen
внима́тельно 3УБ aufmerksam
волейбо́л 5С Volleyball
во́семь 2ТБ acht
воскресе́нье 3УБ Sonntag
вот 2ТА da (ist), hier (ist)
Вот как! 3С Sieh mal einer an!
вперёд! 6ТА vorwärts, *hier:* los
врач 7С Arzt
вре́мя *n.* **4ТА** Zeit
все *Pl.* **7ТА** alle
всё *n.* **2ТА** alles
всегда́ 3ТБ immer
всего́ до́брого 7ТА alles Gute

всегó хорóшего 7ТА alles Gute
вставáть 4УБ aufstehen
втóрник 3ТА Dienstag
вход 6ТБ Eingang
вы 2ТБ ihr/Sie
вы хóдите в гóсти 4УБ ihr geht zu Besuch
выходнóй день 7ТА Feiertag

Г

газéта 2ТБ Zeitung
гáмбургер У1 Hamburger, *hier:* Fastfood
гардерóб 3С Garderobe
где? 2ТА wo?
гимнáстика 5С Gymnastik, Turnen
гитáра У1 Gitarre
гитари́ст 2ТБ Gitarrist
глáвный, -ая, -ое, -ые 6ТБ Haupt-
глубокó 6ТА tief
гм 3ТА hm
говори́ть 3ТА sprechen
год; *Gen. Sg.* **гóда 4УБ** Jahr
головá 4ТБ Kopf
голубóй, -áя, -óе, -ы́е 5ТБ hellblau
гóрод (г.) 4УБ Stadt
гость *m.* 7ТБ Gast, в гóсти 7ТБ zu Gast
готóвить 7ТА *hier:* vorbereiten, **7ТБ** zubereiten, kochen, *hier:* machen
грамм́атика 5ТА Grammatik
грипп 5ТА Grippe
грýппа 3УБ Gruppe, *hier:* Band
гуля́ть 4УБ spazieren gehen
гуля́ш 2ТА Gulasch

Д

да У1 ja
Давáй! *Imp. Sg.* **4С** Los geht's! Auf geht's!
дáже 4С sogar
дáй/те *Imp. Sg./Pl.* **6ТА** gib/gebt, geben Sie
далекó 2ТА weit
дáльше 6ТА weiter
дари́ть 7ТА schenken
два 2ТБ zwei
Двéри закрывáются! 6ТА Die Türen schließen!
дéвять 2ТБ neun
ДéдМорóз 7ТА Weihnachtsmann
дéдушка 6С Großvater, Opa
декáбрь *m.* **7С** Dezember
дéлать 3С tun, machen
дéлать урóки *nur Pl.* **3С** Hausaufgaben machen
день *m.* **4УБ** Tag
день рождéния 7С Geburtstag
День святóго Валенти́на 7С Valentinstag
дéсять 2ТБ zehn
дéти *Pl.* **4ТБ** Kinder
джи́нсы *Pl.* **5ТБ** Jeans
дзюдó 5С Judo
дизáйнер 4ТА Designer(in)
дирéктор 5ТА Direktor
дискотéка 3УА Diskothek
для *(+ Gen.)* **4ТА** für
до *(+ Gen.)* **6ТА** bis
До зáвтра! 2С Bis morgen!
До свидáния! 2С Auf Wiedersehen!
Добрó пожáловать! *(+ Akk.)* **6С** Herzlich willkommen!
Дóброе ýтро! 2С Guten Morgen!
Дóбрый вéчер! 2С Guten Abend!
Дóбрый день! 2С Guten Tag!
дойти́ до *(+ Gen.)* **6ТБ** hinkommen, gelangen (zu)
докумéнт 2УА Dokument
дом 2ТБ Haus, *hier:* Telefonnummer zu Hause
дóма 3С zu Hause
домóй 4ТА nach Hause
достопримечáтельность *f., Nom. Pl.* достопримечáтельности **6С** Sehenswürdigkeit
друг 4ТА Freund
дýмать 3УА denken

Е

éвро У1 Euro
егó 7ТБ sein(e)
её 4ТБ ihr(e)
éздить *unbest.* **6С** fahren
ёлка 7ТА *hier:* Weihnachtsbaum
есть 4С es gibt, es ist vorhanden
éхать *best.* **6С** fahren
ещё 2ТА noch
e-mail; *Pl.* **емайлы 3С** E-mail

Ж

жаль 3ТБ schade
ждать когó/что *(+ Akk.)* **6С** warten
же 2ТА denn, doch
желáть комý чегó *Dat., Gen.* **7ТА** (jmdm. etw.) wünschen
жёлтый, -ая, -ое, -ые 5ТБ gelb
Жéнский день 7С Frauentag
жить 6С wohnen, leben
журнáл 2УА Zeitschrift
журнали́ст(ка) 2УА Journalist(in)

З

за *(+ Akk.)* **6ТА** *hier:* für, 7ТА *hier:* an/am
забирáть 4ТА abholen
зáвтра 4ТБ morgen
зáвтрак 4УБ Frühstück
зáвтракать 4УБ frühstücken
задáние 4С Aufgabe
зал 6С Saal, *hier:* Halle
замечáтельно 4ТА hervorragend, ausgezeichnet

занима́ться *(+ Instr.)* **5С** sich beschäftigen, treiben
звони́ть *(+ Dat.)* **4ТА** anrufen, telefonieren
звоно́к 3ТА Klingel(zeichen), Läuten
зву́ки *Pl.* У1 Laute
зда́ние 6ТБ Gebäude
здесь 3С hier
здо́рово 5ТБ großartig
здоро́вье 7ТА Gesundheit
Здра́вствуй/те! 2С Guten Tag!, Sei(d) gegrüßt!
зелёный, -ая, -ое, -ые 5ТБ grün
зима́ 7С Winter
зимо́й 7С im Winter
знамени́тый, -ая, -ое, -ые 6ТБ berühmt
знать 3С wissen, kennen
зна́чит 3ТБ das bedeutet, das heißt

И

и 2ТА und
и … и 4С sowohl … als auch
игра́ 3УА Spiel
игра́ть 3С spielen
иде́я 2ТА Idee
иди́/те *Imp. Sg./Pl.* 6ТБ geh/geht, gehen Sie
идти́ *best.* **3ТА** gehen
идти́ в го́сти 7ТБ besuchen
из *(+ Gen.)* **6ТБ** aus, von …her
Извини́ меня́! 4ТБ Entschuldigung! *(wörtl.: entschuldige mich)*
Извини́те! 2ТБ Entschuldigt!/ Entschuldigen Sie!
изуча́ть 5ТА lernen, studieren
и́ли У1 oder
и́мя *n.* **5С** Name
инжене́р 2УА Ingenieur(in)
интеракти́вный, -ая, -ое, -ые 7ТБ interaktiv
интере́сно 2ТБ interessant
Интерне́т 2УА Internet
интерне́т-сёрфинг 5С Internet-Surfing
информа́тика 3ТА Informatik
йо́гурт 4ТБ Joghurt
истори́ческий, -ая, -ое, -ие 6УБ historisch
ита́к 6ТБ also, nun
их 7ТБ ihr(e)
ию́ль *m.* **7С** Juli
ию́нь *m.* **7С** Juni

К

к *(+ Dat.)* **4ТА** zu
кака́о У1 Kakao
к сожале́нию 4ТБ leider
кабине́т информа́тики 3С Computerraum
как? У1 wie?
Как дела́? 2С Wie geht's?
как пра́вило 4УБ in der Regel
како́й, -а́я, -о́е, -и́е? 5ТА was für ein? welcher?
календа́рь 2УА Kalender
капу́стник 5С bunter Abend, *hier:* Schulkabarett
капучи́но 2УА Cappuccino
каранда́ш 4С Bleistift
карат́э У1 Karate
ка́рта У1 (Land-)Karte
ка́сса У1 Kasse
касси́р 2ТА Kassierer(in)
ката́ться (на *+ Präp.)* **5С** (zum Vergnügen) fahren
кафе́ *n., indekl.* **2С** Café
квас 2ТА Kwass *(alkoholfreies Getränk)*
ке́пка 5ТБ Kappe, Schirmmütze
кефи́р 2УА Kefir
кино́ *n., indekl.* **2УА** Kino
кио́ск 6ТА Kiosk
класс 3ТА Klasse, Klassenzimmer
кла́ссно! 3ТБ klasse!
клуб 7УБ Klub
кни́га 2ТБ Buch
когда́? 3УБ wann?
кого́? 5УА wen? *Akk. (= Gen.)*
колла́ж 2УА Collage
колле́кция 4УА Kollektion
ко́микс 5УБ Comic
ко́мната 6С Zimmer
компо́т 2УА Kompott
компью́тер У1 Computer
кому́? 4УА wem?
коне́чно 2ТБ natürlich; na, klar!
контине́нт У1 Kontinent
конце́рт 2ТБ Konzert
коридо́р 3ТА Korridor, Flur
кори́чневый, -ая, -ое, -ые 6ТБ braun
ко́сти *Pl.* 5УБ *hier:* Würfel
костю́м 5ТА Kostüm, Anzug
кото́рый час? 4ТБ wie viel Uhr (ist es)?, Wie spät ist es?
ко́фе У1 Kaffee
ко́шка 4УА Katze
краси́вый, -ая, -ое, -ые 5ТА schön, hübsch
кра́сный, -ая, -ое, -ые 5ТБ rot
кро́лик 4УБ Kaninchen
кто? У1 wer?
куда́? 3УБ wohin?
купи́ть 7ТБ kaufen

Л

ла́дно 3С schon gut, OK
лёд; *Gen.* **льда 7ТБ** Eis
лежа́ть 5ТА liegen
лет *Gen. Pl. von* **год 4УБ** Jahre
лета́ть *unbest.* **6С** fliegen
лете́ть *best.* **6С** fliegen
ле́то 7С Sommer
ле́том 7С im Sommer
лимо́н 5С Zitrone
лимона́д 2ТА Limonade
лине́йка 4С Lineal
литерату́ра 3ТБ Literatur
ло́шади *Pl.* **У1** Pferde
лу́чше 2ТА besser

люби́мый, -ая, -ое, -ые 7ТА Lieblings-
люби́ть 3ТБ lieben, mögen, gern haben
лю́ди *Pl.* **6ТА** Leute, Menschen

М

май 7С Mai
майонéз 4ТБ Mayonnaise
мáленький, -ая, -ое, -ие 5ТА klein
мáма У1 Mama, Mutti
мáркер 4С (Text-)Marker
март 7С März
маршрýтка 6УА Sammeltaxi, Linienkleinbus
мáсло 2ТА *hier:* Butter
матемáтика 4ТБ Mathematik
матрёшка У1 Matroschka *(Holzpuppe in der Puppe)*
маши́на 4ТА Auto
медкабинéт 3С Krankenstation
мéня зовýт У1 ich heiße *(wörtl.: mich nennt man)*
мéсяц 7С Monat
метрó *n., indekl.* **2УА** U-Bahn, Metro
ми́нус 6УА minus
минýта 4УБ Minute
минýточку *Akk., Dim.* 3ТБ einen Moment, einen Augenblick *(wörtl.: ein Minütchen)*
мне *Dat.* **2С** mir
мнóго 4С viel
моби́льник 2ТБ Handy
мóда У1 Mode
модéль 4УА Model
мóдный, -ая, -ое, -ые 5ТБ modisch
мóжет быть 2ТА vielleicht
мóжно? 2ТБ darf man?, ist es erlaubt?
мой *m.* **3УА** mein
Молодéц! 3ТБ Bravo!, Toll! *(wörtl.: Prachtkerl)*
молодóй, -áя, -óе, -ы́е 7ТА jung
молокó 5С Milch
морóженое У1 (Speise-)Eis
москви́ч(ка) 6ТА Moskauer(in)
мотóр У1 Motor
моя́ *f.* **3ТБ** meine
музéй 3УА Museum
мýзыка 3УБ Musik
музыкáнт 2ТБ Musiker
мы 2ТБ wir

Н

на *(+ Akk./Präp.)* **3ТА** in/im, auf
на сегóдня 5С für heute
навéрное 4ТБ wahrscheinlich
назвáние 7С Name, Benennung, Bezeichnung
называ́ться 6ТБ heißen
наконéц 6С endlich, schließlich
налéво 6УБ nach links
намнóго 7ТБ um vieles, viel
напи́ток; *Gen.* **напи́тка 7ТБ** Getränk
напрáво 6ТБ nach rechts
напрóтив *(+ Gen.)* **6ТБ** gegenüber
настоя́щий друг 4ТА echter Freund
находи́ться 6ТБ sich befinden
не 2С nicht
недалекó *(от + Gen.)* **6УБ** nicht weit weg (von)
недéля 3УБ Woche
нé за что 6ТБ *hier:* keine Ursache, nichts zu danken
немéцкий язы́к 3ТА deutsche Sprache/Deutsch, **на немéцком (языкé) 3ТА** in deutscher Sprache/auf Deutsch
необы́чный, -ая, -ое, -ые 5ТА ungewöhnlich
неплóхо 3УБ nicht schlecht, gut
неправи́льно 3УА nicht richtig, falsch
нет У1 nein
ничегó 2С *hier:* so lala
ничегó 4С das macht nichts
но 3ТА aber, jedoch
нóвый, -ая, -ое, -ые 5ТА neu
Нóвый год 7С Neujahr/Silvester
нóмер 2ТБ Nummer
нормáльно 2С normal
нóта У1 (Musik-)Note
ноя́брь *m.* **7С** November
нрáвиться 6С gefallen
ну У1 nun
ну и что? 4ТА na und?
ня́ня 4ТА Kindermädchen
№ (номер) 3С Nr. (Nummer)

О

о *(+ Präp.)* **3ТА** über, von
о ком? 3УА über wen?
о себé У1 über sich selbst
о чём? 3УА worüber?
обéд 4УБ Mittagessen
обéдать 4УБ zu Mittag essen
обрáтно 6ТБ zurück
объéкт У1 Objekt
обы́чно 4УБ gewöhnlich
одéжда 5УБ Kleidung
оди́н 2ТБ eins
одноклáссник / одноклáссница 2С Mitschüler(in)
ой! 2ТБ oh!
окнó 3ТБ Fenster
октя́брь *m.* **7С** Oktober
омлéт 2УА Omelett, Eierkuchen
он 2ТА er
онá 2С sie *(3. Pers. Sg.)*
они́ 2ТБ sie *(3. Pers. Pl.)*
онó 2ТА es
опáздывать 4ТА sich verspäten
опя́ть 2ТБ wieder, noch einmal
óсень *f.* **7С** Herbst
óсенью 7С im Herbst

осо́бенно 3УБ besonders
Осторо́жно! 6ТА Achtung! Vorsicht!
от (+ *Gen.*) **6ТБ** von
отвеча́ть / отве́тить 7ТБ antworten
отдыха́ть 3ТА sich erholen, sich ausruhen
оте́ц; *Gen.* **отца́ 7ТБ** Vater
откры́тие 4ТА Eröffnung
ох! 4С oh!
охра́нник 3С Wachmann
о́чень 2С sehr

П

пальто́ *n., indekl.* **5ТА** Mantel
па́па 2ТБ Papa, Vati
па́пка 4С Schnellhefter, Aktenordner
парк 6ТБ Park
пассажи́р 6ТА Passagier
Па́сха 7С Ostern
пацие́нт 7ТА Patient
пельме́ни *Pl.* 2ТА Pelmeni *(gefüllte Teigtaschen)*
пена́л 4С Federmappe
пе́рвый 3ТА der erste
петь 5ТБ singen
пешко́м 6УА zu Fuß
пиани́но *n., indekl.* **У1** Klavier
пирами́да 7УБ Pyramide
писа́ть 3ТА schreiben
письмо́ 2ТБ Brief
пи́цца 2УА Pizza
плане́та 2С Planet
платфо́рма 6ТБ Bahnsteig
пло́щадь *f.* **6ТБ** Platz
плюс 2ТБ plus
по *(+ Dat.)* **6С** in, durch
по следа́м 2УА auf den Spuren
пода́рок; *Gen.* **пода́рка 7ТА** Geschenk
подру́га 4ТА Freundin
по́езд 6ТА Zug
пожа́луйста 2ТА bitte
поздравле́ние 7УБ Glückwunsch
поздравля́ть кого́ с чем *(Akk., Instr.)* **7ТА** (jmdm. zu etw.) gratulieren
Пока́! 2С Tschüss!
покажи́/те *Imp. Sg./Pl.* **6ТА** zeig/zeigt, zeigen Sie
пока́з 4ТА Schau, Vorführung
Пока́-пока́! *ugs.* **2С** Tschüss!
покло́нник 7ТА Verehrer
покупа́ть 6ТА kaufen
получа́ть 7ТА bekommen, erhalten
помога́ть 3ТБ helfen
понеде́льник 3С Montag
поп 7ТБ Pop
пора́ 2ТБ es ist Zeit
по-ру́сски 2УБ auf Russisch
по́сле *(+ Gen.)* **4УБ** nach
пото́м 3ТБ dann, danach
по́чта У1 Post
поэ́тому 6С deshalb, deswegen
пра́вило 4УБ Regel
пра́вильно 3УА richtig
пра́здник 7С Fest, Feiertag
Пра́здник Весны́ и Труда́ 7ТА *hier:* Tag der Arbeit
пра́здничный, -ая, -ое, -ые 7ТА festlich, Fest-
президе́нт 2УА Präsident(in)
прекра́сно 4С hervorragend
Приве́т! У1 Hallo!
приглаша́ть 7ТБ einladen
приглаше́ние 7УБ Einladung
прия́тно 2С angenehm
Прия́тного аппети́та! 4ТБ Guten Appetit!
про́бка 4ТА Stau
пробле́ма 2УА Problem
програ́мма 7ТБ Programm
продавщи́ца 6ТА Verkäuferin
прое́кт 2УА Projekt
про́сто 3С einfach
про́сто класс! 5ТА einfach klasse!
профессиона́льный, -ая, -ое, -ые 7ТА professionell, beruflich, Berufs-
пря́мо 6ТБ geradeaus
пюре́ *n., indekl.* **2ТА** (Kartoffel-)Püree
пя́тница 3ТА Freitag
пя́тый 3УБ der fünfte
пять 2ТБ fünf

Р

рабо́тать 3С arbeiten
рад(а) *m./(f.)* **7ТА** froh, erfreut
ра́дио 2УА Radio
раз 5ТА mal
ра́зве 4ТБ etwa
разгово́р по телефо́ну 3ТБ Telefongespräch
ра́но 4УБ früh
расска́зывать 7ТБ erzählen
ребя́та У1 junge Leute, Jugendliche *(Anrede von Jugendlichen)*
рекла́ма 2УА Reklame, Werbung
репети́ция 5ТА Probe, Theaterprobe
рестора́н У1 Restaurant
рефера́т 3ТА Referat
реша́ть 3ТБ lösen; entscheiden
рису́нок; *Gen.* **рису́нка 7ТБ** Zeichnung
ри́фма 2ТБ Reim
роди́тели *Pl.* **4УБ** Eltern
Рождество́ 7С Weihnachten
ро́зовый, -ая, -ое, -ые 5ТБ rosa
руба́шка 5ТБ Hemd
рубль *m.; Gen.* **рубля́ 6ТА** Rubel
ру́сский, -ая, -ое, -ие 6ТА russisch, **на ру́сском (языке́) 3ТА** in russischer Sprache/ auf Russisch
ру́чка 4С Füller
рэп 5ТА Rap
рэ́пер 5ТБ Rapper
рюкза́к 2УА Rucksack

С

с *(+ Instr.)* **4УБ** mit
с кем? 5С mit wem?
С приéздом! **6С** Willkommen! *(wörtl.: zur Ankunft)*
с удовóльствием 6ТБ gern *(wörtl.: mit Vergnügen)*
сáдик *Dim.* 4ТА Kindergarten
салáт 2ТА Salat
самовáр У1 Samowar
самолёт 6С Flugzeug
сáхар 5С Zucker
свúтер 5ТБ Pullover
свобóдное врéмя 5С Freizeit
свобóдный, -ая, -ое, -ые 5С frei, Frei-
свóдный брат 6С Stief-, Halbbruder
сегóдня 3ТА heute
сейчáс 3ТА jetzt, gleich
семь 2ТБ sieben
семья́ 4С Familie
сентя́брь *m.* **7С** September
сестрá 3ТБ Schwester
сидéть 3ТА sitzen
сúмвол 6С Symbol
систéма 4УА System
скажúте, пожáлуйста ... 6УБ Sagen Sie bitte ...
скейтбóрд У1 Skateboard
скетч 5ТБ Sketch
скóлько? 4УБ wie viel?
скóро 2ТБ bald
слéва *(от + Gen.)* **6ТБ** links (von)
слóво 5УБ Wort
слýшать 3УБ hören, zuhören
слы́шать 6ТА (zufällig) hören, vernehmen
сметáна 4ТБ saure Sahne
смешнóй, -áя, -óе, -ы́е 5ТБ lustig, komisch
смотрéть 3ТА anschauen, betrachten
смотрú *Imp. Sg.* 6ТА schau mal
сначáла 6ТА zuerst, zunächst
Снегýрочка 7ТА Schneeflöckchen, Schneemädchen
сноубóрдинг 5С Snowboarding
собáка 4С Hund
собóр 6ТБ Kathedrale
совсéм 3УБ überhaupt, ganz, völlig
сок 2ТА Saft
сóня 6ТА Schlafmütze
сосéд(ка) 2С Nachbar(in)
сóус 2ТА Soße
спагéтти *Pl.* **У1** Spaghetti
спасúбо 2С danke
спать 4УБ schlafen
специалúст 3С Spezialist
спокóйно 6ТБ ruhig
спорт 5С Sport
спрáва *(от + Gen.)* **6ТБ** rechts (von)
средá 3ТБ Mittwoch
стадиóн 2УА Stadion
старт У1 Start
стáрый, -ая, -ое, -ые 6УБ alt
стихú *Pl.* 3УА Gedicht, Verse
стóить 6ТА kosten
стол 3ТА Tisch
столúца 6С Hauptstadt
стоя́ть 3ТА stehen
стратéгия 2УА Strategie
студéнт(ка) 3ТБ Student(in)
суббóта 3УБ Samstag
субъéкт У1 Subjekt
сувенúры *Pl.* У1 Souvenirs
сýмма У1 Summe
суп 2УА Suppe
сýпер 2ТА super
схéма 6ТА Schema, *hier:* Plan, Übersicht
сцéна 2С Szene 5ТБ Bühne
сцéнка 5ТА (Theater-)Szene
счáстье 7ТА Glück
считáть 6УА rechnen, zählen
сюрпрúз 5ТБ Überraschung

Т

так 2ТА also, so
так говоря́т 2С so sagt man
так себé 2С es geht so
таксú *n., indekl.* **2УА** Taxi
таксúст 4УБ Taxifahrer
такт У1 Takt
там 2ТА dort (ist)
твой 4С dein
теáтр У1 Theater
тебя́ зовýт У1 du heißt *(wörtl.: dich nennt man)*
текст 3ТА Text
телевúзор 7ТА Fernseher
телефóн 2УА Telefon
тéма У1 Thema
тéннис 5С Tennis
тепéрь 4С jetzt
тéхно 4УБ Techno *(Musikrichtung)*
тогдá 5ТБ so, dann
тóже 2С auch
тóлько 3ТА nur
торт У1 Torte
трáктор У1 Traktor
трамвáй 6УА Straßenbahn
трáнспорт 6УА Verkehrsmittel
трэк 7С Track
трéнер 3ТБ Trainer
тренирóвка 3ТБ Training
трéтий 3УБ der dritte
три 2ТБ drei
троллéйбус 6УА O(berleitungs-)Bus
труд 7С Arbeit
трýдно 4С schwierig, schwer
тудá 6ТБ dahin, dorthin
турúст 2ТБ Tourist
тýфли *Pl.* **5ТБ** Schuhe
ты 2С du

У

у *(+ Gen.)* **4С** bei
у меня́ 4С ich habe *(wörtl.: bei mir)*
у нас 4ТБ wir haben *(wörtl.: bei uns)*

у тебя́ 4С du hast *(wörtl.: bei dir)*
удивля́ться 5ТБ staunen, sich wundern
у́жас 3ТБ entsetzlich, schrecklich
уже́ 2ТБ schon
у́жин 4ТБ Abendessen
у́жинать 4ТБ zu Abend essen
украша́ть 7ТА schmücken
у́лица 6УБ Straße
универма́г 6УБ Kaufhaus
Ура́! 3ТБ Hurra!
уро́к У1 Lektion, Unterrichtsstunde
успе́х 7УА Erfolg
у́тром 3С morgens, am Morgen
ух! 5С uff!
учё́бник 4С Lehrbuch
учени́к / учени́ца 3ТА Schüler(in)
учи́тель / учи́тельница 2С Lehrer(in)
учи́ть 3ТА lernen

Ф

февра́ль *m.* **7С** Februar
фильм 2УБ Film
фи́тнес У1 Fitness
фо́то *n., indekl.* **2С** Foto
футбо́л 2УА Fußball
футбо́лка 5ТБ T-Shirt

Х

ха́ос У1 Chaos
хлеб 2ТА Brot
хо́бби *n., indekl.* **У1** Hobby
ходи́ть *unbest.* **4УБ** gehen
хокке́й 5С Hockey
хор 5ТБ Chor
хорошо́ 2С gut
хоте́ть 7ТБ wollen, mögen

Ц

цвет; *Pl.* **цвета́ 5УБ** Farbe
цвето́к; *Pl.* **цветы́ 7ТА** Blume
Це́зарь 2ТА Cäsar
целу́ю 7УА *hier:* mit lieben Grüßen, *(wörtl: ich küsse)*
центр 6ТА Zentrum
цепо́чка У1 *hier:* Kettenübung
ци́ркуль 4С Zirkel
ци́фра 4УБ Ziffer, Zahl

Ч

чай *m.* **2УА** Tee
час 4ТБ Stunde, Uhr
час пик 6С Hauptverkehrszeit *(wörtl.: Spitzenzeit)*
ча́сто 5С oft, häufig
чат 4УБ Chat
челове́к; *Pl.* **лю́ди 7ТА** Mensch
чем? 5С womit?
че́рез *(+ Akk.)* **6ТБ** über, durch
чё́рный, -ая, -ое, -ые 5ТБ schwarz
че́стно 4ТА ehrlich, *hier:* fair
четве́рг 3ТА Donnerstag
четы́ре 2ТБ vier
число́ 7С Zahl, *hier:* Datum
чита́ть 3С lesen
что? У1 was?
Что де́лать? 2ТБ Was (ist zu) tun?

Ш

ша́пка У1 Mütze
шарф 5ТБ Schal
шашлы́к 2УА Schaschlik, Fleischspieß
шесть 2ТБ sechs
широ́кий, -ая, -ое, -ие 5ТБ weit, breit
шкату́лка У1 Schatulle, Kästchen
шко́ла 2УА Schule
шни́цель 2УА Schnitzel
шокола́дка 4ТБ Schokoriegel
шо́пинг 5С Shopping
шу́тка 5ТБ Scherz

Щ

щи *Pl.* 2ТА Schtschi (Kohlsuppe)

Э

Э … 3ТА Äh …
эй! 3С hey!
экску́рсия 6ТБ Exkursion
электри́чка 6УА Vorortbahn, S-Bahn
э́то У1 das ist, dies ist
э́тот, э́та, э́то, э́ти 6ТБ dieser, diese, dieses, diese

Ю

ю́бка 5ТБ Rock
юла́ У1 (Holz-)Kreisel
юри́ст 2УА Jurist(in)

Я

я У1 ich
я на мину́точку 5ТБ ich bin gleich wieder zurück
я́блоко 2ТА Apfel
янва́рь *m.* **7С** Januar
я́сно 4ТА klar

A

Abend 4УБ ве́чер
Abendessen 4ТБ у́жин, **zu Abend essen** у́жинать
abends 3УА ве́чером
aber 3ТА но
abholen 4ТА забира́ть
ach! 4С ах!
acht 2ТБ во́семь
Achtung! Vorsicht! 6ТА Осторо́жно!
äh 3ТА Э ...
alle 7ТА все *Pl.*
alles 2ТА всё *n.*
alles Gute 7ТА всего́ хоро́шего, всего́ до́брого
Alphabet У1 алфави́т
also 2ТА так
alt 6УБ ста́рый, -ая, -ое, -ые
an/am 7ТА за *(+ Akk.)*
angenehm 2С прия́тно
anrufen 4ТА звони́ть *(+ Dat.)*
anschauen 3ТА смотре́ть
antworten 7ТБ отвеча́ть/отве́тить
Anzug 5ТА костю́м
Apfel 2ТА я́блоко
Apotheke У1 апте́ка
April 7С апре́ль *m.*
Arbeit 7С труд
arbeiten 3С рабо́тать
Arzt 7С врач
auch 2С то́же
auf 3ТА на *(+ Akk./Präp.)*
Auf Wiedersehen! 2С До свида́ния!
Aufgabe 4С зада́ние
aufmerksam 3УБ внима́тельно
aufstehen 4УБ встава́ть
August 7С а́вгуст
Aula 5ТБ а́ктовый зал
aus 6ТБ из *(+ Gen.)*
Außenseiter У1 аутса́йдер
Auto 4ТА маши́на
Autobus 2УА авто́бус
@ 4УБ *hier:* соба́ка

B

Bahnsteig 6ТБ платфо́рма
Balalaika У1 балала́йка
bald 2ТБ ско́ро
Ballett 4ТА бале́т
Bank У1 банк
Basketball 5С баскетбо́л
befinden (sich) 6ТБ находи́ться
bei 4С у *(+ Gen.)*
bekommen 7ТА получа́ть
Benennung 7С назва́ние
beruflich (Berufs-) 7ТА профессиона́льный, -ая, ое, -ые
berühmt 6ТБ знамени́тый, -ая, -ое, -ые
beschäftigen (sich) 5С занима́ться *(+ Instr.)*
besonders 3УБ осо́бенно
besser 2ТА лу́чше
besuchen 7ТБ идти́ в го́сти
Bibliothek У1 библиоте́ка
Bingo (Spiel) 4УБ би́нго
bis 6ТА до *(+ Gen.)*
bitte 2ТА пожа́луйста
Bleistift 4С каранда́ш
Blume 7ТА цвето́к; *Pl.* цветы́
Bouillon 2УА бульо́н
Boutique 4ТА бути́к
braun 6ТБ кори́чневый, -ая, -ое, -ые
Bravo! 3ТБ Молоде́ц!
breit (weit) 5ТБ широ́кий, -ая, -ое, -ие
Brief 2ТБ письмо́
Brot 2ТА хлеб
Bruder 4УБ брат
Buch 2ТБ кни́га
Büfett 4УБ буфе́т
Bühne 5ТБ сце́на
bunter Abend 5С капу́стник
Büro 2УА бюро́
Butter 2ТА ма́сло

C

Café 2С кафе́ *n., indekl.*
Cappuccino 2УА капучи́но
Cäsar 2ТА Це́зарь
Chaos У1 ха́ос
Chat 4УБ чат
Chor 5ТБ хор
Collage 2УА колла́ж
Comic 5УБ ко́микс
Computer У1 компью́тер
Computerraum 3С кабине́т информа́тики

D

da (ist) 2ТА вот
dahin 6ТБ туда́
danach 3ТБ пото́м
danke 2С спаси́бо
dann 3ТБ пото́м, **5ТБ** тогда́
darf man? 2ТБ мо́жно?
das heißt 3ТБ зна́чит
das ist У1 э́то
das macht nichts 4С ничего́
Datum 7С число́
dein 4С твой
denken 3УА ду́мать
denn 2ТА же
deshalb 6С поэ́тому
Designer(in) 4ТА диза́йнер
deswegen 6С поэ́тому
deutsch 3ТА неме́цкий, -ая, -ое, -ие, **deutsche Sprache / Deutsch** неме́цкий язы́к, **in deutscher Sprache / auf Deutsch** на неме́цком (языке́)
Dezember 7С дека́брь *m.*
Dienstag 3ТА вто́рник
dies ist У1 э́то
dieser, diese, dieses, diese 6ТБ э́тот, э́та, э́то, э́ти
Direktor 5ТА дире́ктор
Diskothek 3УА дискоте́ка
doch 3С же, 4ТБ ведь
Dokument 2УА докуме́нт
Donnerstag 3ТА четве́рг
dort (ist) 2ТА там
dorthin 6ТБ туда́

drei 2ТБ три
dritte (der) 3УБ тре́тий
du 2С ты
du hast 4С у тебя́
du heißt У1 тебя́ зову́т
durch 6ТБ че́рез, **6С** по (*+ Dat.*)

E

echter Freund 4ТА настоя́щий друг
einfach 3С про́сто
Eingang 6ТБ вход
einladen 7ТБ приглаша́ть
Einladung 7УБ приглаше́ние
eins 2ТБ оди́н
Eis 7ТБ лёд; Gen. льда, **Speiseeis У1** моро́женое
Eltern 4УБ роди́тели *Pl.*
E-Mail 3С e-mail; *Pl.* **ема́йлы**
endlich 6С наконе́ц
Entschuldigung! 4ТБ Извини́ меня́!, **Entschuldigt!/ Entschuldigen Sie! 2ТБ** Извини́/те!
er 2ТА он
Erfolg 7УА успе́х
erholen (sich) 3ТА отдыха́ть
Eröffnung 4ТА откры́тие
erste (der) 3ТА пе́рвый
erzählen 7ТБ расска́зывать
es 2ТА оно́
etwa 4ТБ ра́зве
Euro У1 е́вро
Exkursion 6ТБ экску́рсия

F

fahren 5С ката́ться (на + *Präp.*)
fahren 6С е́здить *unbest.*, е́хать *best.*
Fahrrad 6УА велосипе́д
fair 4ТА че́стно
falsch 3УА непра́вильно
Familie 4С семья́
Farbe 5УБ цвет; *Pl.* цвета́
Februar 7С февра́ль *m.*
Federmappe 4С пена́л
Feiertag 7С пра́здник, **7ТА** выходно́й день
Fenster 3ТБ окно́
Fernseher 7ТА телеви́зор
Fest 7С пра́здник
festlich, Fest- 7ТА пра́здничный, -ая, -ое, -ые
Film 2УБ фи́льм
Fitness У1 фи́тнес
fliegen 6С лета́ть *unbest.*, лете́ть *best.*
Flughafen 6С аэропо́рт; *Präp.* **в аэропорту́**
Flugzeug 6С самолёт
Foto 2С фо́то *n., indekl.*
Frauentag 7С Же́нский день
frei, Frei- 5С свобо́дный, -ая, -ое, -ые
Freitag 3ТА пя́тница
Freizeit 5С свобо́дное вре́мя
Freund 4ТА друг
Freundin 4ТА подру́га
froh 7ТА рад(а) *m./(f.)*
früh 4УБ ра́но
Frühling 7С весна́, **im Frühling** весно́й
Frühstück 4УБ за́втрак
frühstücken 4УБ за́втракать
Füller 4С ру́чка
fünf 2ТБ пять
fünfte (der) 3УБ пя́тый
für 4ТА для (*+ Gen.*), **6ТА** за (*+ Akk.*)
Fußball 2УА футбо́л

G

Garderobe 3С гардеро́б
Gast 7ТБ гость *m.*, zu Gast sein в го́сти
Gebäude 6ТБ зда́ние
Geburtstag 7С день рожде́ния
Gedicht 3УА стихи́ *Pl.*
gefallen 6С нра́виться
gegenüber 6ТБ напро́тив (*+ Gen.*)
gehen 4УБ ходи́ть *unbest.*, **7ТА** идти́ *unbest.*, **geh / geht, gehen Sie 6ТБ** иди́/те *Imp. Sg./Pl.*
gelangen (zu) 6ТБ дойти́ до (*+ Gen.*)
gelb 5ТБ жёлтый, -ая, -ое, -ые
geradeaus 6ТБ пря́мо
gern 6ТБ с удово́льствием
Geschenk 7ТА пода́рок; *Gen.* пода́рка
Gesundheit 7ТА здоро́вье
Getränk 7ТБ напи́ток; *Gen.* напи́тка
gewöhnlich 4УБ обы́чно
gib / gebt, geben Sie 6ТА да́й/те *Imp. Sg./Pl.*
Gitarre У1 гита́ра
Gitarrist 2ТБ гитари́ст
Glück 7ТА сча́стье
Glückwunsch 7УБ поздравле́ние
Grammatik 5ТА грамма́тика
gratulieren (jmdm. zu etw.) 7ТА поздравля́ть кого с чем (*Akk., Instr.*)
Grippe 5ТА грипп
groß 5ТА большо́й, -а́я, -о́е, -и́е
großartig 5ТБ здо́рово
Großmutter 6С ба́бушка
Großvater 6С де́душка
grün 5ТБ зелёный, -ая, -ое, -ые
Gruppe 3УБ гру́ппа
Grüße, mit lieben Grüßen 7УА целу́ю
Gulasch 2ТА гуля́ш
gut 2С хорошо́
Guten Abend! 2С До́брый ве́чер!
Guten Appetit! 4ТБ Прия́тного аппети́та!
Guten Morgen! 2С До́брое у́тро!
Guten Tag! 2С Здра́вствуй/те!, До́брый день!
Gymnastik 5С гимна́стика

H

haben *siehe:* ich habe, du hast
Halle 6C зал
Hallo! У1 Привéт!, **2ТБ** Алло́? *(am Telefon)*
Hamburger *hier:* Fastfood **У1** гáмбургер
Handy 2ТБ моби́льник
Haupt- 6ТБ глáвный, -ая, -ое, -ые
Hauptstadt 6C столи́ца
Hauptverkehrszeit 6C час пик
Haus 2ТБ дом, **zu Hause 3C** до́ма, **nach Hause 4ТА** домо́й
Hausaufgaben machen 3C дéлать уро́ки *nur Pl.*
heißen 6ТБ называ́ться, *siehe auch:* ich heiße, du heißt
helfen 3ТБ помогáть
hellblau 5ТБ голубо́й, -áя, -о́е, -ы́е
Hemd 5ТБ рубáшка
Herbst 7C о́сень *f.*
hervorragend 4C прекрáсно, 4ТА замечáтельно
Herzlich willkommen! 6C Добро́ пожáловать! (в + *Akk.*)
heute 3ТА сего́дня, **für heute 6C** на сего́дня
hey! 3C эй!
hier (ist) 2ТА вот, **3C** здесь
historisch 6УБ истори́ческий, -ая, -ое, -ие
hm 3ТА гм
Hobby У1 хо́бби *n., indekl.*
Hockey 5C хоккéй
Holz-Kreisel У1 юлá
hören 6ТА слы́шать, **3УБ** слу́шать
Hose 5ТБ брю́ки *Pl.*
Hund 4C собáка
Hurra! 3ТБ Урá!

I

ich У1 я
ich habe 4C у меня́
ich heiße У1 меня́ зову́т
Idee 2ТА идéя
ihr 2ТБ вы
ihr(e) 4ТБ её
ihr(e) 7ТБ их
immer 3ТБ всегдá
in / im 3ТА в *(+ Akk./Präp.)*, на *(+ Akk./Präp.)*
Informatik 3ТА информáтика
Ingenieur(in) 2УА инженéр
interaktiv 7ТБ интеракти́вный
interessant 2ТБ интерéсно
Internet 2УА Интернéт
Internet-Surfing 5C интернéт-сёрфинг

J

ja У1 да
Jahr 4УБ год, **Jahre** лет *Gen. Pl. von* год
Januar 7C янвáрь *m.*
Jeans 5ТБ джи́нсы *Pl.*
jetzt 3ТА сейчáс, **4C** тепéрь
Joghurt 4ТБ йо́гурт
Journalist(in) 2УА журнали́ст (ка)
Judo 5C дзюдо́
Juli 7C ию́ль *m.*
jung 7ТА молодо́й, -áя, -о́е, -ы́е
junge Leute У1 ребя́та
Juni 7C ию́нь *m.*
Jurist(in) 2УА юри́ст

K

Kaffee У1 ко́фе *m.*
Kakao У1 какáо
Kalender 2УА календáрь
Kaninchen 4УБ кро́лик
Karate У1 каратэ́
Karte (Land-) У1 кáрта
Kartoffelpüree 2ТА пюрé *n., indekl.*
Kasse У1 кáсса
Kassierer(in) 2ТА касси́р
Kästchen У1 шкату́лка
Kathedrale 6ТБ собо́р
Katze 4УА ко́шка
kaufen 6ТА покупáть, **7ТБ** купи́ть
Kaufhaus 6УБ универмáг
Kefir 2УА кефи́р
keine Ursache 6ТБ нé за что!
Kettenübung У1 цепо́чка
Kinder 4ТБ дéти *Pl.*
Kindergarten 4ТА сáдик *Dim.*
Kindermädchen 4ТА ня́ня
Kino 2УА кино́ *n., indekl.*
Kiosk 6ТА киóск
klar 4ТА я́сно
klasse! 3ТБ клáссно!
Klasse (Klassenzimmer) 3ТА класс
Klavier У1 пиани́но *n., indekl.*
Kleidung 5УБ одéжда
klein 5ТА мáленький, -ая, -ое, -ие
Klingel(n) 3ТА звоно́к
Klub 7УБ клуб
kochen 7ТБ гото́вить
Kollektion 4УА коллéкция
Kompott 2УА компо́т
Konfitüre 5C варéнье
Kontinent У1 континéнт
Konzert 2ТБ концéрт
Kopf 4ТБ головá
Korridor 3ТА коридо́р
kosten 6ТА сто́ить
Kostüm 5ТА костю́м
Krankenstation 3C медкабинéт

L

Laute У1 зву́ки *Pl.*
leben 6C жить
Lehrbuch 4C учéбник
Lehrer(in) 2C учи́тель(ница)
leider 4ТБ к сожалéнию
Lektion У1 уро́к
lernen 3ТА учи́ть, 5ТА изучáть

lesen 3С читáть
Leute 6ТА лю́ди *Pl.*
lieben 3ТБ люби́ть
Lieblings- 7ТА люби́мый, -ая, -ое, -ые
liegen 5ТА лежáть
Limonade 2ТА лимонáд
Lineal 4С линéйка
links (von) 6ТБ слéва *(*от *+ Gen.),* **nach links 6УБ** налéво
Literatur 3ТБ литератýра
Los geht's! У1 Давáй/те *Imp. Sg./Pl.*
lösen 3ТБ решáть
lustig 5ТБ смешнóй, -áя, -óе, -ы́е

M

machen 3С дéлать
Mai 7С май
Mal 5ТА раз
Mama У1 мáма
Mantel 5ТА пальтó *n., indekl.*
März 7С март
Mathematik 4ТБ математи́ка
Matrjoschka У1 матрёшка
Mayonnaise 4ТБ майонéз
mein 3УА мой *m.*
meine 3ТБ моя́ *f.*
Mensch 7ТА человéк; *Pl.* лю́ди
Milch 5С молокó
minus 6УА ми́нус
Minute 4УБ минýта
mir 2С мне *Dat.*
mit 4УБ с *+ (Instr.)*
mit wem? 5С с кем?
Mitschüler(in) 2С одноклáссник/ одноклáссница
Mittagessen 4УБ обéд, **zu Mittag essen** обéдать
Mittwoch 3ТБ средá
Mode У1 мóда
Model 4УА модéль
modisch 5ТБ мóдный, -ая, -ое, -ые
Moment 3ТБ минýточку *Akk., Dim.*
Monat 7С мéсяц
Montag 3С понедéльник
morgen 4ТБ зáвтра, **Bis morgen! 2С** До зáвтра!, **morgens 3С** ýтром
Moskauer(in) 6ТА москви́ч(ка)
Motor У1 motóр
Museum 3УА музéй
Musik 3УБ мýзыка
Musiker 2ТБ музыкáнт
Musiknote У1 нóта
Mütze У1 шáпка

N

nach 4УБ пóсле *(+ Gen.)*
Nachbar(in) 2С сосéд(ка)
Name 5С и́мя *n.*
natürlich 2ТБ конéчно
nein У1 нет
neu 5ТА нóвый, -ая, -ое, -ые
Neujahr 7С Нóвый год
neun 2ТБ дéвять
nicht 2С не
nicht schlecht 3УБ неплóхо
noch 2ТА ещё
normal 2С нормáльно
November 7С ноя́брь *m.*
Nummer 2ТБ нóмер, Nr. 3С № (нóмер)
nun У1 ну, 6ТБ итáк
nur 3ТА тóлько

O

O(berleitungs-)Bus 6УА троллéйбус
Objekt У1 объéкт
oder У1 и́ли
oft 5С чáсто
oh! 2ТБ ой!, 4С ох!
OK 3С лáдно
Oktober 7С октя́брь *m.*
Oma 6С бáбушка
Omelett 2УА омлéт
Opa 6С дéдушка
Ordner 4С пáпка
Ostern 7С Пáсха

P

Papa 2ТБ пáпа
Park 6ТБ парк
Party 7ТБ вечери́нка
Passagier 6ТА пассажи́р
Patient 7ТА пациéнт
Pferde У1 лóшади *Pl.*
Pizza 2УА пи́цца
Planet 2С планéта
Platz 6ТБ плóщадь *f.*
plus 2ТБ плюс
Pop 7ТБ поп
Post У1 пóчта
Präsident(in) 2УА президéнт
Probe (Theater-) 5ТА репети́ция
Problem 2УА проблéма
Programm 7ТБ прогрáмма
Projekt 2УА проéкт
Pullover 5ТБ сви́тер
Pyramide 7УБ пирами́да

R

Radio 2УА рáдио
Radsport 5С велоспóрт
Rap 5ТА рэп
Rapper 5ТБ рэ́пер
rechnen 6УА считáть
rechts (von) 6ТБ спрáва *(*от *+ Gen.),* **nach rechts 6УБ** напрáво

Referat 3ТА реферáт
Regel 4УБ прáвило, in der Regel как прáвило
Reim 2ТБ рúфма
Reklame 2УА реклáма
Restaurant У1 ресторáн
richtig 3УА прáвильно
Rock 5ТБ юбка
rosa 5ТБ рóзовый, -ая, -ое, -ые
rot 5ТБ крáсный, -ая, -ое, -ые
Rubel 6ТА рубль *m.; Gen. Sg.* рубля́
Rucksack 2УА рюкзáк
ruhig 6ТБ спокóйно
russisch 6ТА рýсский, -ая, -ое, -ие, **auf Russisch 2УБ** по-рýсски, **in russischer Sprache 3ТА** на рýсском (языкé)

S

S-Bahn 6УА электрúчка
Saal 6С зал
Saft 2ТА сок
Sagen Sie bitte ... 6УБ Скажúте, пожáлуйста, ...
Sahne (saure) 4ТБ сметáна
Salat 2ТА салáт
Sammeltaxi 6УА маршрýтка
Samowar У1 самовáр
Samstag 3УБ суббóта
schade 3ТБ жаль
Schal 5ТБ шарф
Schaschlik 2УА шашлы́к
schau 6ТА смотрú *Imp. Sg.*
Schema 6ТА схéма
schenken 7ТА дарúть
Scherz 5ТБ шýтка
Schirmmütze 5ТБ кéпка
schlafen 4УБ спать
Schlafmütze 6ТА сóня
schmücken 7ТА украшáть
Schneeflöckchen 7ТА Снегýрочка
schnell 5ТА бы́стро
Schnellhefter 4С пáпка
Schnitzel 2УА шнúцель
Schokoriegel 4ТБ шоколáдка
schon 2ТБ ужé
schon gut 3С лáдно
schön 5ТА красúвый, -ая, -ое, -ые
schrecklich 3ТБ ýжас
schreiben 3ТА писáть
Schuhe 5ТБ тýфли *Pl.*
Schule 2УА шкóла
Schüler(in) 3ТА ученúк/ученúца
schwarz 5ТБ чёрный, -ая, -ое, -ые
Schwester 3ТБ сестрá
schwierig 4С трýдно
sechs 2ТБ шесть
sehen 6ТБ вúдеть
Sehenswürdigkeit 6С достопримечáтельность *f.; Nom. Pl.* достопримечáтельности
sehr 2С óчень
sein 7ТБ быть
sein(e) 7ТБ егó
September 7С сентя́брь *m.*
Shopping 5С шóпинг
sie *(3. Pers. Sg.)* **2С** онá
sie *(3. Pers. Pl.)* **2ТБ** онú
Sie 2ТБ вы
sieben 2ТБ семь
singen 5ТБ петь
sitzen 3ТА сидéть
Skateboard У1 скейтбóрд
Sketch 5ТБ скетч
Snowboarding 5С сноубóрдинг
sogar 4С дáже
Sommer 7С лéто, **im Sommer 7С** лéтом
Sonntag 3УБ воскресéнье
Soße 2ТА сóус
Souvenirs У1 сувенúры
sowohl ... als auch 4С и ... и
Spaghetti У1 спагéтти *Pl.*
spazieren gehen 4УБ гуля́ть
Spezialist 3С специалúст
Spiel 3УА игрá
spielen 3С игрáть
Sport 5С спорт, **Sport treiben** занимáться спóртом
sprechen 3ТА говорúть
Stadion 2УА стадиóн
Stadt 4УБ гóрод (г.)
Standardtänze 4УБ бáльные тáнцы *Pl.*
Start У1 старт
Stau 4ТА прóбка
staunen 5ТБ удивля́ться
stehen 3ТА стоя́ть
Stiefbruder 6С свóдный брат
Straße 6УБ ýлица
Straßenbahn 6УА трамвáй
Strategie 2УА стратéгия
Student(in) 3ТБ студéнт(ка)
Stunde 4ТБ час
Subjekt У1 субъéкт
Summe У1 сýмма
super 2ТА сýпер
Suppe 2УА суп
Symbol 6С сúмвол
System 4УА систéма
Szene 2С сцéна

T

Tag 4УБ день *m.*
Tag der Arbeit 7С Прáздник Весны́ и трудá
Takt У1 такт
Taxi 2УА таксú *n., indekl.*
Taxifahrer 4УБ таксúст
Techno 4УБ тéхно
Tee 2УА чай *m.*
Telefon 2УА телефóн
Telefongespräch 3ТБ разговóр по телефóну
telefonieren 4ТА звонúть *(+ Dat.)*
Tennis 5С тéннис
Text 3ТА текст
Textmarker 4С мáркер
Theater У1 теáтр
Theaterszene 5ТА сцéнка

Thema У1 тéма
tief 6ТА глубокó
Tisch 3ТА стол
Torte У1 торт
Tourist 2ТБ тури́ст
Track 7С трэк
Trainer 3ТБ трéнер
Training 3ТБ тренирóвка
Traktor У1 трáктор
Tschüss! 2С Покá!, Покá-покá! *ugs.*
T-Shirt 5ТБ футбóлка
tun 3С дéлать

U

U-Bahn 2УА метрó *n., indekl.*
über 3ТА о *(+ Präp.),* **6ТБ** чéрез *(+ Akk.)*
überhaupt 3УБ совсéм
Überraschung 5ТБ сюрпри́з
Ufer 6С бéрег; *Präp.* на берегу́
Uff! 5С Ух!
Uhr 4ТБ час
und *(als Gegensatz)* **У1** а **2ТА** и
ungewöhnlich 5ТА необы́чный, -ая, -ое, -ые
Unglück 5ТА бедá
Unterrichtsstunde У1 урóк

V

Valentinstag 7С День святóго Валенти́на
Vater 7ТБ отéц; *Gen.* отцá
Verehrer 7ТА поклóнник
Verkäuferin 6ТА продавщи́ца
Verkehrsmittel 6УА трáнспорт
Verse 3УА стихи́ *Pl.*
verspäten (sich) 4ТА опáздывать
viel 4С мнóго, um vieles, viel 7ТБ намнóго
vielleicht 2ТА мóжет быть
vier 2ТБ четы́ре
Volleyball 5С волейбóл
von 6ТБ от *(+ Gen.)*
vorbereiten 7ТА готóвить
Vorführung 4ТА покáз
vorhanden sein 4С есть
vorwärts 6ТА вперёд

W

Wachmann 3С охрáнник
Waggon 6ТА вагóн
wahrscheinlich 6ТБ навéрное
wann? 3УБ когдá?
warten (auf jmdn.) 6С ждать когó/что *(+ Akk.)*
was? У1 что?
Weihnachten 7С Рождествó
Weihnachtsbaum 7ТА ёлка
Weihnachtsmann 7ТА Дед Морóз
weiß 5ТБ бéлый, -ая, -ое, -ые
weit 2ТА далекó, **nicht weit weg von 6УБ** недалекó *(от + Gen.)*
weiter 6ТА дáльше
welcher? 5ТА какóй, -áя, -óе, -и́е
wem? 4ТА кому́?
wen? 5УА когó? *Akk. (=Gen.)*
wer? У1 кто?
Werbung 2УА реклáма
wie? У1 как?
Wie geht's? 2С Как делá?
wie viel? 4УБ скóлько?
Wie viel Uhr (ist es)? (Wie spät ist es?) 4ТБ котóрый час?
wieder 2ТБ опя́ть
Winter 7С зимá, **im Winter** зимóй
wir 2ТБ мы
wissen 3С знать
wo? 2ТА где?
Woche 3УБ недéля
wohin? 3УБ кудá?
wohnen 6С жить
wollen 7ТБ хотéть
womit? 5С чем?
Wort 5УБ слóво
worüber? 3УА о чём?
wundern (sich) 5ТБ удивля́ться
wünschen (jmdm. etw.) 7ТА желáть кому́, чегó *(Dat., Gen.)*
Würfel 5УБ кóсти

Z

Zahl 4УБ ци́фра
zählen 6УА считáть
zehn 2ТБ дéсять
Zeichnung 7ТБ рису́нок; *Gen.* рису́нка
zeig/zeigt, zeigen Sie 6ТА покажи́, покажи́те *Imp. Sg./Pl.*
Zeit 4ТА врéмя *n.*
Zeitschrift 2УА журнáл
Zeitung 2ТБ газéта
Zentrum 6ТА центр
Zimmer 6С кóмната
Zirkel 4С ци́ркуль
Zitrone 5С лимóн
zu 4ТА к *(+ Dat.)*
zu Fuß 6УА пешкóм
zubereiten 7ТБ готóвить
Zucker 5С сáхар
zuerst 6ТА сначáла
Zug 6ТА пóезд
zuhören 3УБ слу́шать
zurück 6ТБ обрáтно
zusammen 4ТА вмéсте
zwei 2ТБ два

Слова́рик / Kleines Wörterbuch

Географи́ческие назва́ния / Geografische Bezeichnung	А́зия, Во́лга *(Fluss)*, Герма́ния, Евро́па, Кавка́з, Ле́на *(Fluss)*, Москва́-река́, Росси́я, Сиби́рь *(f.)*, Ура́л	
Города́	**Deutsche Städte:** Берли́н, Га́мбург, Дре́зден, Дюссельдо́рф, Магдебу́рг, Мю́нхен, Фра́нкфурт, Шту́тгарт	**Russische Städte:** Владивосто́к, Москва́, Новосиби́рск, Омск, Санкт-Петербу́рг, Со́чи

Же́нские имена́ / Weibliche Vornamen

Langform	Kurzform
Анастаси́я	На́стя
Алекса́ндра	Са́ша
А́нна	А́ня
Валенти́на	Ва́ля
Ве́рочка	Ве́ра
Викто́рия	Ви́ка
Екатери́на	Ка́тя
Еле́на	Ле́на, Алёна
Елизаве́та	Ли́за
Зинаи́да	Зи́на
Зла́та	
Ири́на	И́ра
Любо́вь	Лю́ба
Мари́на	
Мари́я	Ма́ша
Наде́жда	На́дя
Ната́лья	Ната́ша
Ни́на	
О́льга	О́ля
Татья́на	Та́ня

Мужски́е имена́ / Männliche Vornamen

Langform	Kurzform
Алекса́ндр	Са́ша
Анто́н	Анто́ша
Бори́с	Бо́ря
Валенти́н	Ва́ля
Ива́н	Ва́ня
Ви́ктор	Ви́тя
Влади́мир	Воло́дя, Во́ва
Макси́м	Макс
Пётр	Пе́тя
Па́вел	Па́ша
Яросла́в	Сла́ва
Дени́с	
Серге́й	Серёжа
Дми́трий	Ди́ма

Слова́рик зада́ний в учéбнике / Arbeitsanweisungen des Buches

Вы́учите наизу́сть.	Lernt auswendig.
Дава́йте игра́ть.	Spielt.
Допо́лните диало́ги.	Ergänzt die Dialoge.
Допо́лните отве́ты.	Ergänzt die Antworten.
Допо́лните предложе́ния.	Ergänzt die Sätze.
Допо́лните табли́цу.	Ergänzt die Tabelle.
Испра́вьте оши́бки.	Verbessert die Fehler.
Как по-ру́сски ...?	Wie heißt ... auf Russisch?
Когда́ говоря́т ...?	Wann sagt man ...?
Кто э́то говори́т?	Wer sagt das?
Найди́те глаго́лы.	Findet die Verben.
Напиши́те ...	Schreibt ... auf.
Опиши́те ...	Beschreibt ...
Отве́тьте на вопро́сы.	Antwortet auf die Fragen.
Перепиши́те табли́цу.	Schreibt die Tabelle ab.
Перепиши́те текст.	Schreibt den Text ab.
Перескажи́те диало́ги.	Erzählt die Dialoge nach.
Поигра́йте.	Spielt.
Послу́шайте и повтори́те.	Hört und wiederholt.
Послу́шайте CD.	Hört euch die CD an.
Послу́шайте слова́.	Hört die Wörter an.
Послу́шайте текст ещё раз.	Hört den Text noch einmal.
Посмотри́те.	Schaut euch ... an.
Пра́вильно и́ли непра́вильно?	Richtig oder falsch?
Продо́лжите.	Setzt fort.
Продо́лжите предложе́ния.	Setzt die Sätze fort.
Прочита́йте диало́г.	Lest den Dialog.
Прочита́йте предложе́ния.	Lest die Sätze.
Прочита́йте сце́нку.	Lest die Szene.
Прочита́йте текст.	Lest den Text.
Прочита́йте ци́фры.	Lest die Ziffern.
Прочита́йте чат.	Lest den Chat.
Разыгра́йте сце́нки.	Spielt die Szenen nach.
Скажи́те, что э́то.	Sagt, was das ist.
Слу́шайте внима́тельно.	Hört aufmerksam.
Соста́вьте диало́ги.	Erstellt Dialoge.
Соста́вьте mind map.	Erstellt eine Mindmap.
Соста́вьте предложе́ния.	Bildet Sätze.
Спроси́те друг дру́га.	Fragt euch gegenseitig.
Счита́йте.	Zählt.
Угада́йте.	Ratet.

Bildquellen:

Alamy Images RM, Abingdon, Oxon: 56.4 (RF/Digital Vision) – Arco Images GmbH, Lünen: 78.6 (Lenz G) – Avenue Images GmbH, Hamburg: 42.2 (Ingram Publishing) – Corbis, Düsseldorf: 80.1 (Mashkov Yuri/ITAR-TASS) – dpa, Frankfurt:18.3 (ZB/Tom Schulze) – FBI Music, Moskau: 79.1 – Getty Images RF, München: 70.1 (stone/Douglas Armand); 27.4 (PhotoDisc); 27.7 (PhotoDisc) – IMAGO, Berlin: 56.6 (Mollenhauer) – Ingram Publishing, Tattenhall Chester: 27.3; 27.11; 27.12; 27.13 – iStockphoto, Calgary, Alberta: 27.5 (RF/Greg Nocholas); 56.3 (Sean Nel) – 56.5 (RF/ Eugene Zhulkov); 68.4 (Andrey Stepanov); 78.8 (Anatoly Vartanov); 80.5 (Steve Hayes); 89.5 (RF/Bradley Mason) – JupiterImages, Tucson, AZ: 84.1 (Photos.com RF) – Klett-Archiv, Stuttgart: COV.COV (Simone Glauner); 68.2; 78.2; 78.3 (Thomas Gremmelspacher); 13.1; 13.2; 13.3; 13.4; 13.5; 13.6; 13.7; 13.8; 15.1; 15.2; 17.1; 17.2; 17.3; 17.4; 17.5; 17.6; 17.7; 17.8; 17.9; 18.1; 18.2; 18.4; 19.1; 19.2; 21.1; 23.1; 23.2; 23.3; 23.4; 26.1; 28.1; 28.2; 28.3; 28.4; 28.5; 29.1; 30.1; 30.2; 30.3; 31.1; 34.1; 34.2; 34.3; 34.4; 36.1; 37.1; 39.1; 42.1; 42.3; 42.4; 42.5; 44.1; 44.2; 44.3; 45.1; 45.2; 45.3; 46.1; 48.1; 48.2; 48.3; 52.1; 58.1; 58.2; 60.1; 61.1; 61.2; 61.3; 70.2; 70.3; 74.1; 74.2; 74.3; 74.4; 80.8; 85.1; 85.2 (Viktor Justratow); 89.4 (Silberzahn) – Mattel, Dreieich: 89.7 – Mauritius, Mittenwald: 89.2 (Höök) – MEV, Augsburg: 27.1; 27.2; 27.6; 27.8; 27.9; 27.10; 89.3; 89.6 – NASA Goddard Space Flight Center, Greenbelt, Maryland: 10.1 – OOO RIA Allo stolzia, Moskau: 77.1; HV 2.1 – Picture-Alliance, Frankfurt: 53.1 (Landov As); 56.1 (RIA Nowosti); 69.1 (Tass Lyst) – Rosfoto Ltd, Moskau: 68.1 (RF/Losersky Pavel); 78.1 (Yuri Yelkov) – shutterstock, New York, NY: 56.2 (RF/Nemanja Glumac); 68.3 (Grigory Kubatyan) – 78.4 (AYAKOVLEVdotCOM); 78.5 (AYAKOVLEVdotCOM); 78.7 (Alexander Maksimov); 80.3 (VojtechVlk); 80.4 (Dianne Maire); 80.6 (Eduard Härkönen); 80.7 (PhotoCreate) – SONY, Köln: 89.1 – ullstein bild, Berlin: 68.5 (Konzept und Bild); 80.2 (Nowosti)

СХЕМА МОСКОВСКОГО МЕТРОПОЛИТЕНА